Allelia Joy

# Das Testament der Liebe

Die Alchemie des Herzens

Allelia Joy

# Das Testament der Liebe

## Die Alchemie des Herzens

1. Auflage

2018 © Allelia Joy

ISBN: 978-3-7481-8454-6

Die Deutsche Nationalbibliothek verzeichnet diese Publikation
in der Deutschen Nationalbibliografie; detaillierte bibliografische Daten
sind im Internet über www.dnb.de abrufbar.

Buchgestaltung und Cover: www.layart.li
Umschlagmotive fotolia.com © jozefklopacka/somen
Illustration innen: fotolia.com © Michaela Steininger

Herstellung und Verlag: BoD – Books on Demand, Norderstedt
Made in Germany

# Inhaltsverzeichnis

*Liebe Leserin, lieber Leser,*

herzlich willkommen und ich freue mich sehr, dass du dich für dieses Buch entschieden hast, und ich danke dir, dass ich dein Interesse wecken konnte. Ich wünsche dir viele besinnliche Stunden beim Lesen und positive und eindrückliche Erkenntnisse!

Die Stimme, die dich ruft, ist die Stimme des Christus in mir und in dir. ICH BIN es, das „Wort", das zu dir spricht, erkenne Mich, zweifle nicht an meiner Gegenwart. Diese Worte in diesem Buch sind von IHM, der alles erschaffen hat. Es soll für dich eine geistige Orientierungshilfe sein – zu einem besseren Verstehen deiner Selbst und des Sinnes deines Daseins auf Erden.

Es genügt, dich vorzubereiten, um das Licht des Christus zu schauen und die Gegenwart Seines Geistes zu fühlen. Es ist der göttliche Geist, der zu den Menschen spricht, ER ist es, der Licht ins Dunkel bringt.

ER ist die Morgenröte eines neuen Tages für alle Menschen, denn Christus wird uns von allen Ängsten und Zweifeln befreien. Christus, der die Macht hat, wird alles tun, um die Herzen der Menschen umzuwandeln in ein Heiligtum der Liebe und des Lichts.

ER errichtet ein Reich im Herzen der Menschen – kein irdisches Reich, sondern ein geistiges, dessen Macht der Liebe und der Gerechtigkeit entspringt und nicht den Mächten der äußeren Welt. Christus lehrt uns das wahre Leben, das niemals auf Materialismus gegründet ist.

ER kommt zu uns mit Seiner ewigen Lehre, welche aus Liebe, Weisheit und Gerechtigkeit besteht.

Der Mensch ist ein geistiges Wesen in einem Erdenkörper und diese Wesenheit besteht aus Geist und Seele und dieser Geist führt über die Seele den Körper. Es ist Zeit für dich, sich den Verpflichtungen des Lebens bewusst zu werden. Bedenke, dass du die Chance hast, hier und jetzt dein Leben zum Positiven zu verändern. Wer bin ich, wer bist du und was ist der Mensch? Diese Fragen entscheiden über das Glück des Menschen und den Frieden unter den Menschen und die Erlösung unseres Planeten Erde! Mit diesem Buch bekommst du die Antworten.

Der Mensch besteht aus zwei Hauptteilen, dem vergänglichen und unsterblichen Teil. Der Körper ist der sterbliche Teil, das falsche Selbst, das EGO und der Verstand. Das Unsterbliche ist das wahre ICH, das Höchste im Menschen. Geist und Stoff sind Gegensätze, Stoff ist schwer und Geist ist ohne Gewicht, ohne stoffliche Dichte. Der Mensch ist beides, Geist und Stoff, der Leib ist aus Stoff gebildet und der Geist ist das EINE – unser wahres SELBST!

Schöpfer und Schöpfung gibt es nur in den Sphären des Vorstellbaren, da, wo sich Ursache und Wirkung die Hand reichen. In der letzten Wirklichkeit gibt es keines von beiden. Einheit ist weder Ursache noch Wirkung, sonst ist sie keine EINHEIT! „Der EINE BIN ICH und nicht ein Mensch!" Solange du glaubst, du seist jemand neben dem wahren ICH, kannst du die Probleme des Lebens nicht lösen. ICH BIN der Erste und der Letzte, ICH BIN der Anfang und das Ende, es gibt keinen Anderen!

Lasse keine falsche Identität zu, sonst wirst du schwach und krank, arm und unglücklich und auf alle Art und Weise auf Erden begrenzt. Deine einzigen Gedanken in diesem Leben sollten dich stark und gesund, reich und erfolgreich, glücklich und zufrieden machen!*

„Der EINE ist das Sein und die Ursache des Seins, Schöpfer und Geschaffenes, Augenblick und Ewigkeit!"

*(Anstelle des Namens „GOTT" verwende ich auch die Worte der EINE, das Absolute, das SELBST, GEIST, IST, ES, LIEBE oder ICH BIN!)

„Den Nächsten zu lieben, heißt, nicht die eigenen Interessen zu suchen, sondern die Lasten der Schwächeren und Ärmeren zu tragen!"

Papst Franziskus

# Geleitwort

„ICH BIN meine wirkliche und einzige Identität, ICH BIN meine wahre und einzige SELBSTHEIT! ICH BIN die WAHRHEIT und das LEBEN, ICH BIN's!"

Suche nicht länger nach dem Sinn des Lebens. Lege alles Sehnen, Verlangen, Ringen und Kämpfen von dir ab. Lasse alle Widerstände und Hindernisse fahren.

Es gibt keine Vergangenheit, keine Sünden, keine dunklen Orte, es gibt nur Liebe und Licht. Schaue weg von Persönlichkeiten, von physischen oder mentalen Heilmitteln und von unnützen Mitteln und irren Wegen. Suche nicht nach Gesundheit, denn sie kann nicht auf menschlichen Wegen gefunden werden. ICH BIN deine Gesundheit, ICH BIN deine Ganzheit. Sorge dich nicht, vertraue deinem wahren Selbst, deinem Heiler und Helfer in dir.

*Die Wahrheit ist das, was DU BIST, und nicht das, wonach du dich zu machen strebst! „Erhebe dich, wache auf!" (Psalm 35, 23)*

Gib die Lüge und Täuschung auf, du seist ein Mensch und nicht der EINE. Löse dich gänzlich von der Unwahrheit und erkenne: Der Mensch ist nicht ein Schatten der Wirklichkeit, denn Wirklichkeit hat keinen Schatten. Der

EINE ist unsere Wirklichkeit, ICH BIN DER WEG, wir sind selbst der Weg und dieser Weg ist in uns selbst.

Du kannst nicht erlangen, was du bereits hast und bist, und du kannst niemand anders sein als der EINZIGE, der EINE. ICH BIN das ICH, der Geist, das Leben, die Wahrheit und die Liebe, ALL-ES ist! Seht MICH und keinen anderen! *„Alles, was der Vater hat, ist mein!"*

Wir haben das Reich der Harmonie und der Liebe nie verlassen. Sieh mit den Augen der Liebe, fühle mit dem Herzen der Liebe, denn Liebe vergeht niemals. Liebe, die nur Vollkommenheit sieht, sieht nichts, was vergeben, nichts, was zerstört werden muss.

Liebe freut sich und es genügt der Liebe, zu sein – der ewige ICH BIN!

„Sei du selbst die Veränderung,
die du dir wünschst für diese Welt!"

Mahatma Gandhi

# Wer bin ich?

„Bewusstsein ist deine wahre Identität,
Bewusstsein ist das Leben und Bewusstsein
ist, was Gott ist!"

„Was bin ich?" ist die richtige Frage, wessen bin ich gewahr, Geist (Gott) oder Mensch (Materie)? Was halte ich für die Wirklichkeit, Geist oder Materie? Du möchtest also wissen, wer du in Wahrheit bist? Dann höre auf mit deinem endlosen Suchen, die Stunde der Wahrheit ist gekommen!

Der Weg zu dir beginnt hier und jetzt. Mache dich auf ein großes Abenteuer gefasst, denn der neue Weg hält viele Überraschungen für dich bereit. Um diese Gedanken zu verstehen, musst du den menschlichen Verstand ausschalten, denn der Verstand kann diese neuen Erkenntnisse nicht verstehen. Verbinde dich mit deinem Herzen, denn nur dort ist alles Verstehen und alle Wahrheit verborgen. Du fühlst dort, was für dich stimmig ist und sollte es für dich nicht sofort verständlich sein, dann lies einfach ruhig weiter!

Lege deine falsche Identifizierung ab und nimm Meinen Namen an, denn ICH BIN deine einzige Wirklichkeit. Schau auf dein SELBST, das ICH BIN, das ist die einzige Wahrheit! Alles andere, was du siehst, ist Illusion. Sei daher ICH, es gibt keinen anderen, außerhalb von MIR kannst du nicht sein! Die Welt und die Sinne vergehen und es wird nichts mehr geben als MICH, dein wahres ICH, die eine Wirklichkeit, die ALL-ES ist!

Du bist nicht dieser Körper, du bist auch nicht dein Fühlen und Denken, du bist nicht von dieser Welt, du bist derjenige, der alles hier betrachtet. Du bist geboren in diese Welt der Illusionen, du bleibst für einige Zeit in diesem menschlichen Körper und du verlässt ihn wieder am Ende deines scheinbaren Lebens, *„Asche zu Asche, Staub zu Staub"*!

Du bist das höchste Bewusstsein, die EINE, reine Intelligenz. Dein wahres Selbst ist ewig während und unwandelbar, weder kommt es noch geht es, du bist reines Bewusstsein. Du bist nicht der Handelnde, der tätig ist, du bist der ewige Zeuge und für immer frei. Du bist das eine Selbst, du bist ALLES, was existiert, alles ist in dir enthalten und du bist in ALLEM! Du bist reiner GEIST, ungetrennt vom Höchsten, ewiges SEIN, frei von der Dualität dieser objektiven Welt. Alles, was du mit deinen äußeren Augen siehst, ist nicht wirklich, sie ist ein Produkt des menschlichen Bewusstseins. Der Kosmos und alles, was darin ist, ist nur ein Gedanke, eine Projektion des „gespaltenen" Geistes. In Wirklichkeit gibt es ihn nicht, denn allein das wahre Selbst ist wirklich. Das unsterbliche Selbst ist makellos und unwandelbar, ES ist das Absolute, die eine Wirklichkeit!

Welten kommen und gehen, sie sind durch deine Gedanken erschaffen. Durch Unwissenheit ersinnst du ein Universum, das getrennt von dir ist, aber das Universum existiert nicht außerhalb von dir. Ein getrenntes Universum ist eine Illusion, ein Nichts.

Es gibt kein individuelles Selbst und es gibt kein anderes höheres Selbst als dich, das EINE SELBST! Befreie dich vom Traum einer materiellen Existenz, höre auf damit, dein wahres ICH mit dem Menschen zu identifizieren.

Es gibt nur der EINE GEIST, EIN Selbst, EIN ICH, EIN Leben, EIN Sein! Lasse der EINE GEIST deine einzige Identität sein, siehe dich, wie und wer du wirklich bist, frei von Gebundenheit, sündlos und vollkommen, als das EINE und nicht als Mensch.

Sei still und erkenne, dass es keine Identität gibt, es gibt nur ICH – ICH! ICH, dein vollkommenes SELBST ist nie abwesend, noch bin ICH von dir getrennt, ICH BIN ein vollständiges unteilbares Ganzes! Der Ort, auf dem du stehst, ist der Ort, wo ICH BIN, ICH gehöre dir und du gehörst MIR, du bist immer ICH und ICH BIN immer du und ICH BIN stets ALLES!

Suche mich nicht länger in veralteten Lehren, religiösen Zeremonien, denn du kannst MICH nur als ICH BIN finden, ICH BIN GEIST, dein UREIGENSTES!

ICH BIN der Vater, Sohn und der Heilige Geist, ICH BIN dies ALLES! Das ICH von uns ALLEN ist erhaben, unbedingt und unvergleichlich. Das ICH – das Höchste, der Erlöser, der König der Könige, der Lehrer und Erretter, der Geber alles Guten. Die ICH-Wirklichkeit, die ICH-Vollkommenheit und das ICH-Alles ist das einzige ICH, das ICH BIN!

Du kannst nicht ICH werden, du bist es von Ewigkeit zu Ewigkeit, denn ICH BIN der Einzige, du kannst nicht ein anderer sein. Selbstverwirklichung ist dein höchstes Ziel. Hast du das EINE vollkommene Selbst, das einzig Wirkliche in dir entdeckt, dann hat deine Suche nach der Wahrheit des Seins für dich ein Ende gefunden, du bist zu Hause angekommen.

„Du – als Körper, Geist oder Seele – bist nur ein Traum. In Wirklichkeit bist du Sein, Bewusstsein, Freude und Liebe. Du bist der EINE GEIST dieses Universums. Du erschaffst das Universum und nimmst es in dich auf."

Sai Baba

# Du bist ein Kunstwerk

„Aller Sinn des Lebens ist erfüllt,
wo Liebe ist!"

Dietrich Bonhoeffer

Du bist die Verkörperung der Liebe und des Lichts. Du bist aus der Höchsten Wahrheit geboren und du bist in deinem Leben auf nichts angewiesen, was dir die Welt gibt, denn du lebst aus dem Odem des EINEN Bewusstseins, das in dir selbst ist.

Dein innerstes Bewusstsein ist nicht verschieden von dem Bewusstsein des EINEN, es ist ein und dasselbe. Du hast dich unbewusst vom Höchsten getrennt und lebst traumbefangen dein individuelles Dasein. Aus dieser Unwissenheit musst du erwachen und erkennen, dass um und in uns die alles durchdringende Gegenwart des EINEN wirkt. In allem Sein erschließen sich dir die Wunder der Allgegenwart des Höchsten.

Jeder Mensch auf Erden trägt in sich das Leben, die Schönheit, die Freude und Vollkommenheit des EINEN. Dein ganzes Wesen muss umgewandelt und veredelt werden, sodass dein Höheres Selbst frei in dir wirken kann. In allem Handeln ist ein Nicht-

Handelnder – und das ist der EINE. Das Leben ist eine einzigartige Möglichkeit, die Vollkommenheit des Ewigen zu erlangen. In der grenzenlosen Freiheit, der Schönheit und des Lichts, zu leben, das ist der Sinn deines Lebens.

Schöpfer und Schöpfung gibt es nur in den Sphären des Vorstellbaren, da, wo sich Ursache und Wirkung die Hand reichen. In der letzten Wirklichkeit gibt es keines von beiden. Einheit ist weder eine Ursache noch Wirkung, sonst ist sie keine Einheit. Jeder und jedes in der Schöpfung ist ein Kunstwerk, alles, was wir sehen, ist eine Offenbarung der höchsten Kunst.

Wir Menschen sind das Gebilde Seiner Kunst, die Widerspiegelung Seiner Schönheit, der lebendige Ausdruck Seiner Macht und die Verwirklichung Seiner Erhabenheit. Du wirst von IHM erhalten, du lebst durch IHN, der EINE ist dein Atem, dein innerstes Wesen, ER ist das geistige SELBST und dein höchstes

ICH. SEINE Kraft ist überall und absolut gegenwärtig. Weil das Herz des EINEN auch dein Herz ist, ist dein Herz das Herz aller Wesen. So wie dein Herz in dir pocht, so pocht es in allen, es ist ein universelles Phänomen, es schlägt im Mann, in der Frau, im Kind, im Tier, in der Natur und im Atom, SEINE Gegenwart ist überall gegenwärtig.

Der Höchste macht dich zu dem, was ER selbst ist, zu einem unsterblichen und glücklichen Wesen, ER gibt dir den ganzen Reichtum, die unendliche Freude und den absoluten Frieden. Der EINE schenkt sich dir selbst, kein anderer kann das tun. Wenn du IHN suchst und liebst, bist du beschützt, nur ER weiß, wie ER dich schützen kann vor der Gewalt der Natur und vor der Bedrohung unter den Menschen.

Die Gegenwart des Höchsten in dir kann dir alles geben, alle deine Wünsche werden von IHM in dir erfüllt. Lebe als das EINE Bewusstsein, voller Freude und Glück. Versuche immer in einer positiven, freudigen

Gemütsverfassung zu sein, denn zu jeder Zeit und an jedem Ort kannst du dem Höchsten begegnen, wenn du gedanklich mit Ihm in Verbindung bist, vertraue nur IHM! Nichts Böses oder Schlechtes kann in dir weiter bestehen, wenn es in deiner Aufmerksamkeit und deinem Willen keinen Platz findet. Um Friedensstifter zu sein, muss zuerst Frieden in dir sein. Angst und Unruhe herrschen nur dort, wo es an Liebe und Glauben, Weisheit und Güte mangelt. Bewahre in dir nur Liebe, Frieden und Weisheit und du wirst sehen, wie der EINE in deinem Leben immer stärker zum Ausdruck gelangt!

*„Wie ein Mensch in seinem Herzen denkt, so ist er!"* Denke gut und du wirst Gutes ernten, denke negativ und du wirst Negatives ernten! Sei dir der Macht des positiven Denkens bewusst.

Besser noch: Erleuchte dein Bewusstsein durch Vision. Schaue auf dich selbst und entdecke, wo deine Vision ist, ist sie auf alles

Äußerliche oder auf dein Allerhöchstes Selbst gerichtet?

Wo deine Vision ist, werden auch deine Gedanken und Gefühle sein. Nach welcher Richtung schaut dein inneres Auge? Auf das Sichtbare oder auf das Unsichtbare, auf das Vergängliche oder das Unvergängliche, auf Dinge und Gedanken oder was über beiden steht?

Du bist größer als deine Gedanken, lass deine Gedanken nicht zu deinem Meister werden! Denke und handle gemäß deiner höchsten Vision. Richte deine Vision auf den ISTHEIT-Zustand des Lebens, auf die Allgegenwart und auf deine unendliche Göttlichkeit und Vollkommenheit! Dein Auge sollte von Erscheinungen wegschauen, blicke auf die Ebene der immer gegenwärtigen Wirklichkeit. Wahrheit ist Wirklichkeit und sie ist alles, was ist, dieselbe für immer.

Wahrheit ist Vollkommenheit, Harmonie, Liebe und Allmacht. Nichts kann von der

Wahrheit weggenommen oder zugefügt werden, sie kann nichts anderes sein als sie selbst.

Für die Wahrheit gibt es keine Zeit, keinen Ort und keinen Raum, keinen Tod und keine Begrenzung.

Wahrheit ist!

„Ihr seid die Verkörperung des EINEN,
seid voller Gedanken an eure Allmacht, eure
Erhabenheit und eure Herrlichkeit!"

Sai Baba

# Liebe ist der Herzschlag des Universums

„Der Mensch kann kein Stern am Himmel sein, aber ein strahlendes Licht auf der Erde!"

Alexandra Lay

Wie lange hast du nach wahrer Liebe gesucht!

Doch wahre Liebe wird dir versagt bleiben, bis du dir deiner wirklichen Identität bewusst wirst und du in der bedingungslosen Liebe tätig bist. Nur in dem Maße, wie du deine Zuneigung auf das Vollkommene, auf deine einzige wahre Identität und auf dein einziges Sein richtest, wirst du wahres Denken und wahres Leben und wahre Liebe finden.

Jeder muss das Wirkliche und das Wahre so lieben, dass es leicht ist, das Unechte und das Unwirkliche aufzugeben.

*„Du sollst den Herrn, DEIN SELBST, lieben, denn der Herr, DEIN wahres ICH, ist wahrhaftig dein UR-EIGENSTES!"* Liebe ist ohne Trennung oder Missverständnisse, Liebe ist vollkommen und vollständig. Suche nicht außerhalb des SELBST nach Liebe und Glück, wer nach ihnen sucht, muss endlos suchen.

Du musst nichts erlangen und nichts suchen, weder Reichtum noch Glück, weder Liebe noch Frieden, du hast es nicht nötig, nach dem zu suchen, was du schon hast oder bist, ICH BIN ES, ICH, das SELBST, habe schon ALLES! Die vollkommene Liebe, Macht und Zufriedenheit kann nirgendwo anders gefunden werden als in unserem eigenen wahren SEIN. *„ICH BIN DER WEG!"*

Liebe, die vollkommen ist, Liebe, die vollständig ist, Liebe, die rein und fleckenlos ist, Liebe, die unvergänglich und ewig ist, ist die EINE Selbstheit von uns allen! Liebe kann nicht angezogen werden wie ein Gewand, Liebe ist kein Tauschobjekt oder ein Geschäft, denn Liebe ist Prinzip und Prinzip ist Liebe. Liebe ist Leben und Leben ist Liebe und ICH BIN LIEBE!

Wahre Liebe beginnt dort, wo die Liebe nicht mehr sinnlich ist, sondern rein, edel, kosmisch und universal. Jeder Mensch hat eine animalische Natur und ein göttliches Wesen und du sollst immer deinem inneren Licht folgen und dich nicht der Finsternis oder Unwissenheit überlassen. Richte deine

Aufmerksamkeit immer wieder auf deinen GEIST, auf dein Allerhöchstes, auf die zeitlose innere Vollkommenheit in dir und auf ALLES, was ist.

Dein Bewusstsein soll EINS werden mit deiner zeitlosen, raumlosen Stille, dem Frieden und der Freude in dir, in allem und jedem. Sobald du das Bewusstsein von EINS-SEIN hast und lebst, hast du alles Gute, denn es gibt nicht mehr zu haben. EINS-SEIN ist Allgegenwart und Allgegenwart ist EINS-SEIN! EINS ist EINS, selbstumfassend und alles eingeschlossen, allgegenwärtig und nichts anderes.

Die Sehnsucht nach etwas, das die Konflikte dieser Welt beendet, den Frieden unter den Menschen fördert und Liebe in die Herzen bringt, ist weitverbreitet. Diese Sehnsucht kann gestillt werden, wenn wir erkennen, dass wir niemals von Gott getrennt wurden. Niemand kann eine Reise zu Gott machen, es besteht keine Distanz zwischen uns und Gott. Gott ist in uns, ER ist zeitlos, raumlos und immer gegenwärtig. ER kann nicht Einer sein und wir ein anderer, ein Gott, ein Selbst, ein Geist, eine Existenz, allein regierend – ewig. Gott ist in uns, Christus ist in uns, das Königreich Gottes ist in uns – genau dort, wo wir hier und jetzt sind. Wenn du glücklich und frei bist, dann identifiziere dich nur als das wahre Selbst. Freiheit besteht darin, zu wissen, was Wahrheit ist. Gedanken können sich ändern, Lehren und Gesetze werden revidiert, aber die Wahrheit, dass das wahre Selbst dein einziges Selbst ist, herrscht allein und ewiglich.

ICH BIN das „Wort" der Liebe, das allen Trost bringt. Mein „Wort" in deinem Herzen ist auch dein Weg, der dich zu deiner wahren und ewigen Heimat der Ruhe und des Friedens führt! *„Wir sind Seelentropfen im Ozean des Lebens und wir sind ein göttlicher Funke des unendlichen Lichts."*

*Psalm XXIII*

„Die LIEBE ist mein Hirte, mir wird nichts mangeln. LIEBE weidet mich auf einer grünen Aue und LIEBE führet mich zum frischen Wasser. LIEBE erquicket meinen geistigen Sinn. LIEBE führet mich auf rechter Straße um SEINES Namens willen. Und ob ich schon wanderte in der Unwissenheit, fürchte ich kein Unglück; denn LIEBE ist bei mir, der LIEBE Stecken und Stab trösten mich. LIEBE bereitet vor mir einen Tisch im Angesicht meiner Feinde. LIEBE salbet mein Haupt mit Öl und schenkt mir voll ein. Gutes und Barmherzigkeit werden mir folgen mein Leben lang und ich werde bleiben im Bewusstsein der LIEBE immerdar!“

Mary Baker Eddy

# Leben im Licht

„Sei du ein Licht in dieser Welt! Ein Licht, das von innen her leuchtet, kann niemand auslöschen!"

Hinter dem physischen Herzen pulsiert das wahre, geistige Herz. In diesem Herz brennt ein kleines Licht und dieses Licht ist in jedem Menschen, ob gut oder schlecht. Dies ist der reinste Ort in deinem Körper und alle Kraft, alles Licht, alle Schönheit und Erleuchtung geht von diesem Ort aus.

Hier ist OM, da findest du das Ewige, die Liebe und das Licht, das Königreich des Himmels. Dieses himmlische Licht in deinem Herz wächst, wenn dein Leben rein ist und du ein Leben führst in Hingabe und selbstlosem Dienen.

Du findest keine Ruhe, bis du den Weg zur EINEN Wirklichkeit gefunden hast, denn die einzige Heimat auf dieser Erde ist der Himmel in deinem Herzen. Du erfährst dich selbst durch das geistige Licht als Licht im geistigen Licht. Das EINE offenbart sich selbst im Licht des inneren Selbst. Du bist das immerwährende, ewige und unendliche Licht, dein wahres Wesen ist Licht. Im Licht existiert nur Licht, ICH BIN das Licht der Welt, es gibt nichts außer Licht. Substanz, Form und Gegenwart ist Licht ohne Dunkelheit. Du bist nichts anderes als Licht, dein Geist und Körper, deine Welt und alles darin ist nur Licht. Licht ist Allwissenheit und Allmacht. Im bewussten EINS-SEIN sind wir das Licht der Welt oder des Universums.

Du bist ein Lichtwesen und nicht materieller Körper aus Fleisch, Knochen und Blut! Versuche immer in einer positiven Gemütsverfassung zu sein. Probleme kommen, beachte sie aber nicht! LIEBE ist überall, warum bist du noch in Konflikte verwickelt, warum bist du nicht ganz und gar glücklich? Denke darüber nach und es wird dir dabei helfen, Konflikte zu überwinden.

Was Glück und Freude für dich bedeutet, kannst nur du beantworten, jedoch glücklich kannst du nur sein, wenn du auch für andere da bist. Lebensfreude entsteht dadurch, dass du dich einer Sache ganz hingibst.

Das Leben schuldet uns wenig, aber wir schulden ihm alles. Das wahre Glück entsteht aus der Hingabe an einen höheren Zweck, wir sind Teil eines höheren Zwecks.

Wenn wir unsere wahre Identität erfassen, haben wir keine selbstsüchtigen Motive mehr. Wir müssen nichts mehr bekommen, denn wir haben schon alles.

Unsere Bestimmung ist es, ein Licht zu sein und es scheinen zu lassen, damit auch unsere Mitmenschen das Licht in sich selbst entfalten können. Es gibt keine Seele, keinen Geist, kein Leben getrennt von uns, es gibt nur ein Leben, nämlich das Leben, das wir jetzt leben und dieses Leben ist ewig und unendlich. Alles Existierende lebt in unserem Bewusstsein.

Die ganze Lebensgeschichte offenbart sich als unser Bewusstsein. Jeder Irrtum, dem wir im Leben begegnen, ist direkt durch unseren eigenen Bewusstseinszustand begründet.

Das individuelle Leben ist die andauernde Entfaltung der Erfahrung aus dem Inneren unseres eigenen Seins. Nichts und niemand existiert außerhalb unseres eigenen Bewusstseins, was wir als Person wahrnehmen, ist die Idee der Wirklichkeit, die sich als unser Bewusstsein entfaltet.

Da Gott unendlich ist, muss ER sich als unendliche Individualität ausdrücken und das verschafft uns unsere eigene besondere Wesenheit, das Bewusstsein des eigenen individuellen Seins.

Alles bleibt auf ewig in seiner eigenen Individualität erhalten. Fürchte daher nie, anders zu sein, sei immer du selbst, erkenne dein wahres Sein.

„Das Wichtigste in deinem Leben ist dein Herz. Die Liebe ist das größte Geschenk, welches du auf Erden erfahren kannst, du verlierst dein Herz und gewinnst alles."

# Jenseits des Wissens

„Der Geist ist alles; was du denkst,
das wirst du!"

Buddha

Der Gedanke ist die Urkraft hinter der ganzen Schöpfung. Die Erschaffung der gesamten Erscheinungswelt ist zurückzuführen auf einen einzelnen Gedanken, der in der kosmischen Intelligenz entstand.

Das Weltall ist die Stoff gewordene Ur-Idee des EINEN Geistes. Der erste Gedanke manifestierte sich als eine Schwingung, der aus der ewigen Stille des EINEN hervorging. Nichts existiert, außer das höchste, geistige Licht.

Die ganze Welt ist beseelt von der wunderbaren Gegenwart des EINEN und jeder Punkt des Raums ist mit der unendlichen Kraft und den Möglichkeiten des EINEN aufgeladen. Es gibt nur EINE Kraft, EINE Präsenz und EINE Form und dieses EINE ist der Allmächtige, ER ist überall gegenwärtig. Das Universum ertönt von seiner herrlichen, unhörbaren Musik. Es gibt Millionen von Sternen, Millionen von Welten und Millionen von Universen.

Es gibt Wesen jenseits dieser Welt in Reichen, Regionen und Welten, zu denen der

Mensch dieser Welt keinen Zugang hat. Eine unendliche Energie und Kraft ist am Werk, eine Energie, die so intelligent, wunderbar und der Ursprung aller menschlichen Eigenschaften, wie Güte, Genialität und Intelligenz, ist.

Wir leben in einem geistigen Universum und für das Wirken dieses Universums ist der EINE verantwortlich. ER kann durch das, was wir als Naturgesetze bezeichnen, Saat und Ernte, Ebbe und Flut, Sonne, Mond und Sterne regieren. ER regiert und ich bin nur der Zuschauer, der beobachtet!

Als Gott mich erschaffen hat, hat ER in mir alles verkörpert, was ich bis in alle Ewigkeit brauche. ER hat alles in mir angelegt und mir die Kraft gegeben, es hervorzubringen. Alles ist verkörpert in diesem ICH BIN, das ICH BIN. Das Absolute bestimmt, was geschieht und was nicht.

Jedes Geschehen unterliegt der Kontrolle und dem Urteil der göttlichen Ordnung, der göttlichen Weisheit und des göttlichen Willens.

Es gibt einen Grund, warum Probleme auf uns zukommen, sie sind keine Bestrafungen. Sie sind notwendig für die innere Gesundheit, sie sind immer ein Segen.

Dass Menschen trotz so vielem Leiden leben, ist schon genügend Beweis, dass es das Absolute gibt, das sie von innen heraus erhält. Das Absolute ist dein unvermeidliches Schicksal.

Du bist nur eine Puppe der Zeit und sie hat deinen Körper hervorgebracht, die Zeit wird ihn wieder zerstören.

Alle Illusionen und eingebildeten Wirklichkeiten, die durch Hass, Eifersucht oder Angst entstanden sind, müssen verschwinden.

Wann immer das Gefühl in dir aufsteigt, dass du einen Körper hast, kannst du einen Gegengedanken erzeugen und zu dir sagen: *„Ich bin nicht der Körper, ich bin körperlos, ewiges und vollkommenes Leben und Bewusstsein. Ich habe keinen Anfang und kein Ende, ICH BIN ewiges, göttliches SEIN."*

Wenn dein ganzes Wesen mit Reinheit und dem Licht der Liebe erfüllt ist, erhebt sich deine Seele und du tauchst ein in die wunderbare göttliche Gegenwart.

„Alles, woran man glaubt, beginnt zu existieren."

# Die Alchemie des Herzens

„Wie oben, so unten,
wie innen, so außen!"

*Alchemie – Die Lehre von den Eigenschaften der Stoffe
und ihren Reaktionen.*

Bei der Alchemie handelt es sich nicht nur um eine praktische Disziplin, sie hat vielmehr auch eine philosophische Dimension. Es geht hier um die Transmutation der Materie und die Erlösung und Wandlung des Menschen.

Die Tabula Smaragdina ist ein traditionell dem Hermes Trismegistos zugeschriebener Text, der die philosophische Basis der Hermetik bildet und der als Grundlagentext der Alchemie gilt. Hermes Trismegistos wird auch als Entdecker des „Stein des Weisen" bezeichnet.

*„Alchemie ist die Überführung eines Elementes in ein anderes oder einer Seins-Weise in eine andere. Wir verwandeln unseren Schatten alchemistisch in verwendbare Energien für unsere Entwicklung. Alchemie ist zurzeit so wichtig, weil sie uns alle Kräfte unseres Selbst und der Erde zum Nutzen und Wohl aller einzusetzen erlaubt.*

*Wir setzen die Kräfte des Ur-Unbewussten ein, um zu erkennen, wer und was wir sind.*

*Alchemie verurteilt nicht und nichts wird für unbrauchbar befunden. Alles wird genutzt, alles ist Energie." Saint Germain*

„Erkenne dich selbst", das Ich/Ego als ein Äußeres und das wahre ICH als das Innere. In Wirklichkeit existiert nur das wahre ICH, und es gibt weder eine Vergangenheit noch eine Zukunft. Es gibt kein Innen und Außen, kein Oben und Unten, es gibt nur Ewigkeit und Einheit und es gibt nur Leben im Sein und nicht im Schein.

Alles ist überall. Das, was hier ist, ist auch dort und das, was dort ist, ist auch hier. So gehe gelassen deinen Weg durch deine Welt und genieße ihre Schönheit und Pracht. ALLES ist das Absolute und für diese Wahrheit gibt es keine Ausnahme, ES ist Unendlichkeit und Allgegenwart.

Das lässt nichts anderes zu als ES. Das ist das Gesetz des EINS-SEINS und wir können ihm nicht entgehen, ob wir daran glauben oder nicht.

Es gibt keine Trennung dort draußen, alles, was wir sehen, ist das Absolute. Wir sind ICH, wir sind unser Universum. Wenn du die scheinbare Zwei in eine EINS verwandelst, kannst du alles als EINS-SEIN sehen, denn es gibt keine Zweiheit, es gibt nur EINS-SEIN. Es ist für dich unmöglich, das Absolute zu offenbaren, wenn du das Getrenntsein akzeptierst. Du bist das, was du betrachtest: „ICH BIN DAS."

Du existierst nicht im Universum, du bist auch nicht in deinem Geist oder in deinem Zimmer, all dies ist in dir. Also entspanne dich und schaue umher, betrachte alles als ICH BIN. Alles, was du betrachtest, ist ICH. So löse dich von allen Erscheinungen und erkenne: Bewusstsein ist alles und Bewusstsein ist Allgegenwart.

Es gibt keine Trennung, keinen Unterschied, kein Innen und Außen – Alles ist EINS. Dein wahrer Körper ist vollkommen, nur dein Eindruck der Trennung macht dich dafür blind. EINS-SEIN ist gegenwärtig, darum existiert nichts als das Absolute. Das Einzige, das wir hören, sehen, tasten und riechen, ist der EINE, „denn in IHM leben, weben und sind wir". Wir sind Götter und Götter sehen spirituell und nicht materiell.

Das Ganze Absolute ist genau dort, wo du bist. Jeder Mensch, der dein Bewusstsein berührt, ist das Absolute. Dein Körper ist DAS und jeder andere Körper ist DAS.

DAS ist das Leben jedes einzelnen Seins, deshalb ist Leben unvergänglich und ewig. DAS ist die Substanz aller Form und Gestalt.

Wir sind in einem Netz gefangen, das wir selbst erschaffen haben. Wir sind eingeschlossen in unseren Gedanken, Gefühlen und Wahrnehmungen und ein Ende ist nicht in Sicht.

Das Leben, wie wir es kennen, scheint ein dunkler Bereich zu sein, in dem die Kräfte der Unwissenheit ihr Spiel treiben. Wir leben in unserer selbst gebastelten Welt, einer Welt der Ruhelosigkeit, der Schwäche, der Krankheit, der Illusionen, der Sorge und des Todes. Diese Welt unterscheidet sich wahrlich von der Welt des Königreiches Gottes. Alles, was wir hier erfahren, ist unvollkommen und schwach. „Du, der du schläfst, wach auf." Der erste Schritt hin zum Erlangen des göttlichen Bewusstseins ist dieses Erwachen, es ist die bewusste und klare Erkenntnis, dass das Königreich des Himmels uns umgibt, ES ist in uns und überall um uns.

Dieses göttliche Königreich ist in deinem Herzen. Groß ist dein Glück und du bist gesegnet, SEINE Liebe wird dich nicht im Stich lassen. SEINE Vollkommenheit wird nicht zulassen, dass du verloren gehst. Die grenzenlose Liebe, Schönheit und Freude Gottes wirst du ständig erfahren, Albträume und andere Geschichten können dich nicht mehr betrüben, denn du bist dir der Gegenwart des Unendlichen bewusst.

Jene, die noch schlafen, verirren sich weiter in Leid, Elend, Krankheit und Tod, bis sie zu Bewusstsein kommen. Der Glaube in dir muss wachsen, er muss eine Überzeugung werden. Streben, Glauben und Wissen von Gott und Seinem Reich sind die drei grundlegenden Schritte auf dem Weg zum Allerhöchsten. Wichtig ist die tägliche Selbst-Disziplin, sei bereit, alles um Gottes Willen zu opfern, denn ER ist das höchste Gut. Deine Opfer-bereitschaft muss einen Punkt erreichen, an dem ER beginnt, durch deinen Willen zu leben und durch deine Intelligenz zu denken.

„Oh Wunder über alle Wunder, wenn ich an die Einheit der Seele mit Gott denke."

Meister Eckhart

# Gesundheit und Heilung

„So wie die Morgensonne das Dunkel der Nacht auflöst, löst geistige Erleuchtung das Dunkel des Glaubens auf und Heilung kann erfahren werden."

Deine Pflicht besteht nicht darin, die Welt zu verändern, sondern dich selbst zu erkennen. Suche nicht nach Gesundheit, denn Gesundheit ist Sein – Sein ist Gesundheit. Das Geheimnis der Gesundheit und des Heilens ist es, das Absolute zu suchen, wie ES selbst ist, nicht so, wie du glaubst, was ES ist oder will, um ES zu sein.

Als wahres Wesen bist du niemals in irgendeiner Weise eingeschränkt!

Du wurdest nie geboren, du hattest nie eine Krankheit, du hast nie Sünde oder Leid erlitten, du hast keine Fehler gemacht und auch keinen falschen Glauben gehabt. Wenn du diese Wahrheit erkennst, kannst du sie auch an andere weitergeben, die bereit sind, sie zu empfangen.

*„Wie ICH das Licht bin, so bist du das gleiche Licht. So wie ICH die Wahrheit bin, das Leben und der Weg, so bist du auch das Gleiche. Wir sind alle die Gleichen, weil es keinen anderen gibt."*

Bis du tatsächlich fühlen und sehen kannst, dass du die Wahrheit bist, wirst du immer versuchen, dich von den Schwierigkeiten und Problemen zu befreien. Ich bin die Wahrheit und das Leben selbst, also gibt es für dich keine Probleme mehr, so wie es im Licht keine Dunkelheit gibt.

Für die Wahrheit ist alles vollkommen und wir wurden nie von unserem vollkommenen Sein entfremdet. Wir sind die Wahrheit, weil es unsere Natur ist. Von Ewigkeit zu Ewigkeit sind wir der Weg, die Wahrheit, das Leben, alles gegensätzliche Denken oder Glauben kann uns niemals verändern.

Wenn du von diesem Geist erleuchtet bist, stehst du in sprachlosem Staunen über die Herrlichkeit in und um dich herum. Deine Last, Angst und Zweifel verschwinden, der Sturm hat aufgehört und Frieden ist eingekehrt. Das Geheimnis der Gesundheit und des Heilens ist es, Gott zu suchen, wie Gott selbst ist, nicht so, wie wir glauben, was Gott ist.

*Mache dir keine Gedanken: „Sorgt euch nicht um euer Leben!" (Matthäus 6, 25)* Sorge dich nicht um die Bilder, die sich dir im Laufe des Tages präsentieren, ignoriere das Bild, gib ihm keine Macht, bleibe in Gottes-Gewahrsein. Du kannst mit deinen Bildern nicht zu IHM gelangen und wir können IHM unsere Konzepte nicht vorlegen.

Wir müssen frei und gelöst in IHM sein, um die Gegenwart von IHM im täglichen Leben zu erfahren. Nichts soll dich beunruhigen oder ängstigen, wenn du das Absolute hast, dann fehlt dir nichts, DAS allein ist. Wenn du nichts mehr wünschst, besitzt du alles. Nur durch Gott erfährst du Gott, du erfährst IHN in dir als dich selbst und das bist DU.

Alles ist Bewusstsein, überall ist Gott, wenn du IHN erfährst, verschwindet die äußere Welt. In diesem Zustand erlebst du ein Prinzip, das unzerstörbar und absolut rein ist. Der Mensch trägt in sich ein höheres Sein, das unvergänglich, unsterblich und ewig ist.

Er trägt in sich ein zeit- und raumloses, unendliches Bewusstsein. Erkenne Gott und du erkennst alles, gewinne Gott und du gewinnst alles, Gott ist unser wahres Sein.

„Unsere Seligkeit liegt nicht an unseren Werken, sondern an der Größe der Liebe!"

Johannes Tauler

# Leben im Hier und Jetzt

„Gott ist nicht der Maler deines Lebens.
ER gibt dir nur die Leinwand und die Farben!"

Die Stille der Seele ist das Eintreten in eine andere Dimension, hier und jetzt. Die innere Stille ist die tragende Kraft deines Lebens. Wenn es in dir still wird, kann alles blühen und wachsen. In der inneren Stille erwacht der wahre Mensch, denn die Wahrheit kann nur im Schweigen erfasst werden. Er wird zum Hörenden und hört das Unhörbare. Weite dein Bewusstsein aus und Stille und Freude erfüllen dein Herz. Lebe dein Leben in innerer Freude und lasse dich nicht vom äußeren Leben führen.

Das ewige Sein, das Zeit und Raum transzendiert, ist das ewige Jetzt, ES ist das Ewige überall, ES ist hier und alles ist hier für ES, ES ist das Hier und das Jetzt. Spirituelles Wachsen ist ein unsichtbarer Prozess wie das Wachsen einer Pflanze. Die Entfaltung der Seele ist nicht wahrnehmbar, wahrer Fortschritt betrifft das Bewusstsein und das, was im Herzen und in der Seele geschieht. Das Ziel deiner Entwicklung liegt in der Erfahrung der Gottheit in dir und überall. Die Liebe Gottes ringt darum, sich durch dein Herz auszudrücken. In deinem Herzen sind ein grenzenloser Ozean von Liebe und eine Unendlichkeit von Erkenntnissen. Wende deinen Blick immer dem Licht zu, der Liebe und dem Frieden.

Du brauchst Gott, denn du kommst von Gott. Du trägst Gott in dir und dein Leben wird nur in der Erfahrung Gottes Erfüllung finden, es gibt keine Alternative. Du bist ein Licht, das niemals vergeht, du bist im Göttlichen.

Das Universum der spirituellen Verwirklichung ist in der Tat unsere perfekte Welt. Da die geistige Welt unser eigenes Bewusstsein ist, müssen wir die perfekte Welt von innen sehen. Ich bin kein Bild, keine Idee oder Reflexion und ich bin nicht innerhalb des Seins, noch ist es in mir, als eines in einem anderen.

ICH, der Unendliche, bin das Ganze von allem. Wahrheit ist die Eine Existenz, sie hört niemals auf zu existieren. Der göttliche Geist kann keinen Schmerz, Krankheit oder Mangel fühlen. Die Botschaft des Absoluten, dass wir Geist sind, ist keine Lehre, Religion oder Glaubensbekenntnis, es ist absolute Wahrheit. Das perfekte Wort ist immer das gleiche – Geist ist alles, Geist ist ungetrenntes Sein, wir sind Geist. Es gibt kein individuelles Bewusstsein, jeder ist SEIN als Ganzes.

Als das EINE Bewusstsein kennt jeder die Wahrheit. Geist, Gott, ist nicht in viele Wesen teilbar, es gibt nur ein SEIN, EINEN GOTT. Um überhaupt zu sein, müssen wir der EINE sein, der das unteilbare Ganze und ALLES ist. Jeder ist SEIN als Ganzes. *„Du bist DAS, ich bin DAS, alles ist DAS."*

*„Jeder Tag ist der Tag des Herrn"*, jeder Augenblick im täglichen Leben ist mit der klaren Erkenntnis des Lebens durchdrungen, wie es ist. In der Erkenntnis des EINS-SEINS leben wir alle Zeit im Geiste. Die Menschen, mit denen wir unser Leben teilen, weil auch sie wie wir eine Individualisation des EINEN sind, spielen mit uns auf der Bühne des

Lebens, das Spiel des Lebens. Wir arbeiten, wir dienen und wir lieben und bleiben jedoch immer eingebettet im schöpferischen Strom des Lebens. Wir können jede weltliche Rolle spielen, im Inneren sind wir jedoch immer derselbe EINE. Wir wissen Eines – wir sind alle Kinder des Lichts.

Der Mensch konzentriert sich meistens so sehr auf sich selbst und seine individuellen Gegebenheiten, dass er die wahre Grundlage und Wirklichkeit übersieht. Das Aufgeben des Ego ist der Preis, der uns auf dem Weg der Erkenntnis des göttlichen Selbst abverlangt wird.

Das Ego ist die einzige Wand zwischen Mensch und Gott. Das Ego ist der Knoten, der das Unbegrenzte im Menschen begrenzt. Das Ego ist der Sitz spiritueller Unwissenheit, des Nicht-Erkennens des göttlichen Selbst in uns. Das Ego stirbt, wenn es nicht mehr gebraucht wird. Das, was stirbt, bist nicht du, was stirbt, ist jedes Urteil, das du jemals über dich oder andere gefällt hast. Was stirbt, ist all das, was du zu sein glaubtest. Dieses Ego ist eine Kraft der Zersplitterung, ein Prinzip der Eigenliebe.

Solange das Ego besteht, wird auch die Erfahrung der Dualität fortdauern und die Erfahrung von Unterschieden und Problemen. In einem wahrhaft demütigen Menschen ist das Ego nicht mehr existent, die Wand des Ego ist zerbrochen und der Mensch ist Eins mit dem Göttlichen.

Ein solcher Mensch ist nicht mehr menschlich, sondern er ist göttlich.

„Das ewige Sein, das Zeit und Raum transzendiert, ist das ewige Jetzt. Es ist das Ewige überall. ES ist hier, alles ist hier für ES, ES ist das Hier und Jetzt."

Swami Omkarananda

# Geboren, um zu Sein – Eins-Sein

„Weil alles das Eine Bewusstsein ist, ist das Bewusstsein der eine Körper des Seins. Dieser Körper – des Seins – ist unser einzig wahrer Körper."

Paul F. Gorman

In Meinem Universum IST ALLES, es gibt nichts zu erreichen und nichts zu gewinnen. ALLES IST, wo wir sind, da, wo wir bewusst leben. Wir müssen in die Realisation von IST zurückkehren und dann in IST ruhen, um der reinen, wahren Liebe willen, der Dankbarkeit, der Freude und der Erfüllung von IST.

Das Absolute hat weder Zeit noch Raum, weder Ursache noch Wirkung. Wenn wir der Erscheinung Glauben schenken, haben wir unsere Sinne für die Wahrheit verschlossen. Nur wenn wir leer von Zeit und Raum sind, sind wir im Gewahrsein der Wahrheit. Lebe dein Leben ohne Raum und Zeit, erkenne Alles als IST.

Vergiss gestern, heute und morgen, vergiss alle Dinge, erblicke dein Universum ohne Zeit und Raum. Es gibt nichts zu erhoffen und keinen Glauben, etwas zu bedürfen oder zu wollen. Alles ist bereits die Präsenz Gottes und alles ist die Fülle Gottes. ER ist auf ewig die Fülle unseres SEINS. ER hat auch keine

Ursache und keine Wirkung, Gott IST. Der Sonnenstrahl ist die Präsenz der Sonne und wir sind die Präsenz Gottes als individuelles SEIN. Dein Alter ist Eins-Sein und Ewigkeit, es verändert sich nie, ICH BIN derselbe gestern und heute und immerdar.

*„ICH BIN, GOTT IST."* GOTT ist alles, was existiert. Du bist ICH BIN und ICH BIN das gleiche ICH BIN. Unser wahres System ist Gott, welcher IST ist. Weil nur Eins-Sein existiert, existiert auch nur ein Wesen und ein Körper. Nur Gott ist, nur Eins-Sein ist, unfähig, etwas anderes zu sein als EINS. Um die Wahrheit zu erfahren, müssen wir im Gewahrsein der Wahrheit leben.

Gott ist dieses Eine, Geist ist dieses Eine, Bewusstsein ist dieses Eine, Allgegenwart und Ewigkeit ist dieses Eine und sonst gibt es keinen anderen. Du hast und bist ewiges Leben, du bist und hast Einen ewigen Körper und du bist und hast die ganze Unendlichkeit und Ewigkeit. Die Liebe Gottes ist das Leben Gottes, es gibt nichts anderes. Gott ist unfehlbar als und für sich selbst. *„Die Erde ist die Fülle und der Herr, die Erde ist die des Herrn."* Gott ist das Bild und Abbild von sich selbst.

Du kannst nicht mehr Bewusstsein bekommen, denn Bewusstsein ist Gott, welcher Eines ist, ungeteilt und unteilbar. Unbegrenztheit, Allgegenwart und Ewigkeit sind in diesem Moment dein.

ALLES ist Gott, darum gibt es niemals eine Begrenzung, einen Mangel oder die Abwesenheit von Unendlichkeit. Himmel und Erde enthalten keine Grenzen, Himmel und Erde sind der gleiche „Ort" – ein heiliger „Ort", der die Allgegenwart von Unendlichkeit und Unbegrenztheit ist. Nichts ist jemals krank, arm oder unglücklich.

Niemand ist geboren, lebt und stirbt, ALLES ist unendlich und unbegrenzt. Die Erde und alles, was darin ist, ist grenzenlos und allgegenwärtig. Unendlichkeit ist, Ewiges Leben ist, Fülle, Wohlstand und Erfolg ist, Liebe und Harmonie ist. Nichts kann dir hinzugefügt werden und nichts kann dir genommen werden und nichts kann dir vorenthalten werden, denn ICH ist ewiglich ALLES, was Gott ist.

Du musst dich selbst zu dem erheben, was Gott ist, sodann ist Gott praktisch und wirklich, dann bist du frei und du kannst dich in dem erreichten Gott-Bewusstsein in den Tag begeben. Wenn du die Präsenz fühlst, höre auf, nachzusinnen und sei still und überlasse dein ganzes Wesen Gott und lasse IHN fortfahren, Gott zu sein.

Du musst frei und gelöst in Gott sein, um die Präsenz Gottes zu erfahren. Die absolute Botschaft ist perfektes Wissen, Es ist die Stimme und das Wort der Wahrheit, die Kraft und Herrlichkeit der Wahrheit. Das Kommen des Endes der Welt bedeutet das Ende des Glaubens, dass wir menschliche Wesen sind.

Jede Doktrin, jeder Glaube und jede Lehre, die uns als sterbliche Menschen klassifiziert, wird als unvollkommenes Wissen wahrgenommen.

Deine einzige Reise ist es in Wahrheit, zu einem Gewahrsein wahrer Identität aufzusteigen. Durch das „Aufsteigen" in dein wahres Sein werden Geist, Körper und Welt als spirituell, harmonisch und frei erkannt.

„Das Auge, mit dem wir Gott sehen, muss dasselbe Auge sein, mit dem Gott uns sieht."

Upanishaden

# DhyanaYoga - Meditation

„Meditiere über dein eigenes Selbst, verehre dein eigenes Selbst, Gott wohnt in dir als Du."

Baba Muktananda

Meditation ist die Praxis göttlicher Erinnerung. Das heißt, dass du dich in jedem Moment während des Tages und in jeder Situation daran erinnerst, dass das Unendliche durch dich in allen Tätigkeiten wirkt. Das erinnert dich daran, dass du nicht allein auf dieser Welt bist und dass da eine wahre Intelligenz existiert, die alle deine Belange lenkt. Wenn du durch Erfahrung lernst, auf das Unendliche zu vertrauen, wirst du bemerken, dass deine Intuition erwacht.

Es gibt einen Weg zur inneren Ruhe, ungeachtet dessen, was in der äußeren Welt geschieht. Wenn deine Aufmerksamkeit zerstreut oder auf Probleme und physische Belange gerichtet ist, kannst du nicht richtig meditieren. Meditation ist Konzentration auf das Unendliche, und du meditierst, um gottbewusst zu werden.

Richtige Meditation führt unweigerlich zur Verwirklichung des Eins-Seins. In dieser Verwirklichung hast du nach nichts mehr

Verlangen, weil du in dir selbst ruhst und im Einklang mit Gott bist. In deinem neuen, wahren Bewusstsein wirst du objektiver, unbefangener, klarer und intuitiver. Auf diesem Weg dahin ist zu lernen, immer in Gott verankert zu sein und sich als selbst verwirklichte Seele durch die Welt zu bewegen.

Es gibt keinen anderen Weg, Dhyana Yoga ist der Weg. Was auch kommen mag, in diesem Bewusstsein wird dich nichts berühren, du bleibst unbewegt, während sich andere um dich herum fürchten und verwirrt durchs Leben gehen.

Alle Menschen können in der Erkenntnis ihres göttlichen Wesens ruhen, indem sie ihre Aufmerksamkeit nach innen lenken. Nimm dir täglich eine bestimmte Zeit zum Lesen, zum Meditieren, zur Gedankenkontrolle. Schaffe ein neues Bild von dir selbst und lebe entsprechend. Erinnere dich daran, dass du ein Recht hast, zu gedeihen und dich am Leben zu erfreuen und du hast das Recht, am richtigen Platz in diesem

Leben als freie Seele zu wirken. Dein Leben sollte ein Leben der Erfüllung sein, der Freude und ein Gefühl der Übereinstimmung mit allen Dingen der Natur. Anstatt zu kämpfen, entspanne dich und wirke in harmonischer Weise. Versuche mit allen Menschen und allen Bedingungen in Harmonie zu sein. Um die Welt zu überwinden, brauchen wir sie nicht zu unterwerfen. *„Heute und jeden Tag tue ich mein Bestes, um ein wahrhaft geistiges Leben zu führen."*

Dauerhaftes Glück stellt sich erst ein, wenn du Gott in dir erkannt hast. Seligkeit gehört dir, wenn du die Wahrheit deiner eigenen, wahren Natur erfährst. Das Selbst zu erkennen, ist das schwierigste Unterfangen, das die Menschheit kennt. Es gibt so viele Dinge im Leben eines Menschen, die ihn davon abhalten, den Weg der Liebe zu gehen.

Wenn der Mensch Gier, Wut und Verlangen besiegt hat, gibt es nichts, was er auf seiner Pilgerfahrt nicht erlangen kann. Dhyana Yoga-

Meditation ist ein Weg, der dich an dein Ziel führt. Wenn du auf einer Reise bist, kommst du an viele erdenkliche Orte, und wenn du dich aus Angst zurückhältst, wirst du dein Ziel nicht erreichen. Spirituelle Übungen schwächen die Macht der Angst über deinen Geist und sie stärken die Liebe zu Gott und deinen Mitmenschen.

Meditation schwächt die Unruhe deines Verstandes und sie stärkt dein Vermögen, still zu sein. Im DhyanaYoga gefestigt zu werden, bedeutet, immer mehr mit der höchsten Wahrheit EINS zu werden. Du gewinnst wieder einen Körper aus Licht, du erfährst deine eigene wahre Natur, Gott wohnt in dir als Du, Liebe wird zu einer Realität.

Lasse deine Gedanken zur Ruhe kommen, lasse den Körper stille werden und lasse dein Herz aufmerksam auf den Klang des Atems hören. Vertraue deinem Herzen. Die Kraft des Herzens kann man als großes Mysterium betrachten. Du musst ein großes Herz haben, wenn du ein anständiges Leben führen willst. Wenn du Gott erkennen willst, musst du ein Herz haben, das die Gnade in sich bewahren kann und das nie von seinem Ziel abweicht. Das Herz lebt weiter, selbst wenn der physische Körper zerfällt.

Meditationstechniken sind der Menschheit schon lange bekannt. Es gibt viele unterschiedliche Methoden. Meditation ist das Loslassen aller Gedanken und Gefühle in vollkommener Entspannung, um zum eigenen inneren Wesen zurückzukehren.

Durch Meditation befreit der Mensch sich von der Sinnestäuschung und von deren verlockenden Schwingungen. Gelingt es dir, die Außenwelt wirklich für eine Zeit lang auszuschalten, befindest du dich in dieser Zeit in deiner Mitte und du wirst im wahrsten Sinne des Wortes fähig zur Selbsterfahrung. So gehe täglich in die Stille.

Blicke durch die Schatten dieser Welt und siehe nur das, was schön und gut ist. Wenn du den geistigen Weg beschreitest, ist es deine Pflicht, inmitten des Irrgartens von Mythen und Symbolen, zu verstehen, was wahr ist.

Es gibt nur einen Grund, warum die meisten Menschen ihr Leben in Furcht und Leid verbringen, sie sind sich nicht bewusst, wer sie wirklich sind. Jeder Mensch wird früher oder später die Wahrheit erkennen, das ist unsere wahre Bestimmung. Die Wahl jedoch liegt bei uns.

Der Weg zur Selbstverwirklichung ist keine Methode zum Herumprobieren, der Weg ist schnell, direkt und jeder kann den sichtbaren Fortschritt bemerken. Konstruktives Wirken bringt uns viel, es bringt uns in Einklang mit dem universellen Willen und macht uns zu Mitschöpfern dessen, was gut und wünschenswert ist. Konstruktive Arbeit trägt dazu bei, egoistische Neigungen zu beseitigen.

Das Interesse am Wohlergehen anderer ist ein Zeichen geistigen Erwachens. Wir können für das physische, mentale und emotionale

Wohlergehen anderer sorgen bis zu dem Zeitpunkt, an dem sie ihre eigene bewusste Suche nach der Wahrheit beginnen. Die Wahrheit aktiv zu verbreiten, ist sicher das Höchste und Beste, was du tun kannst.

So heißt es für dich, alles Mögliche zu tun, das Himmelreich, die Welt der Wahrheit und Wirklichkeit auf Erden einzurichten durch dein Mitwirken, um das Massenbewusstsein von falschen Vorstellungen und Ideen zu klären. Andere Seelen sind in Wirklichkeit wir selbst, da alle Seelen im Geiste gleich sind. Indem wir uns dafür einsetzen, andere zu erwecken, erwecken wir uns selbst.

„Selbstdisziplin, Meditation und absolutes Vertrauen in das Unendliche sind der schnellste Weg zur Gottverwirklichung."

Die Yoga-Sutras des Patanjali

„Ich bin das Licht der Welt, Ich bin das
Licht der Ewigkeit, Ich bin die Liebe
und die Wahrheit!"

Jesus

# Intuition

„Ist dein Denken transzendiert, erwacht
Intuition und Selbsterkenntnis tritt
unvermutet ein."

Swami Omkarananda

Das Wort Intuition kommt vom lateinischen *intuitus* und bedeutet Blick oder Ausblick. Folgende Definition findet man im Lexikon: *„Unmittelbare innere Wahrnehmung oder unmittelbares Erleben der Wirklichkeit."*

Intuition ist in einem viel stärkeren Maße an unserem Alltagsleben beteiligt, als wir glauben und sie ist ein wesentlicher Bestandteil unserer Kreativität. Intuition arbeitet viel effektiver als unser Verstand, sie ist die Muttersprache unseres Körpers, sie übermittelt Signale an die Organe, die unser Unterbewusstsein erhält.

Bei allen Entscheidungsprozessen sollten wir die Erkenntnis nicht außer Acht lassen, dass Logik nicht die einzige Erkenntnismöglichkeit ist. Eine ganz entscheidende Quelle der Erkenntnis bleibt ungenutzt, wenn wir weiterhin unsere emotionale Seite, unsere intuitiven Vorahnungen und spontanen Impulse übergehen.

Lassen wir unserem Unterbewussten genügend Raum und die Freiheit, uns mit der plötzlichen Lösung eines Problems zu überraschen.

Das wohl wichtigste Charakteristikum der Intuition ist, dass sie meist in den Pausen zwischen den Denkvorgängen auftritt – oft erst dann, wenn wir es bereits aufgegeben haben, mit dem Verstand eine Lösung zu finden. Doch nicht jede blitzartige Eingebung ist auch wirklich eine Intuition, erfahren wir aber Intuition, wissen wir es meist im selben Augenblick.

Intuition ist erlernbar, obwohl das Trainieren dieser Fähigkeit zunächst einmal ein paradoxes Unterfangen zu sein scheint. Intuition lässt sich nicht planen oder erzwingen, sie ist ein spontanes Phänomen. Was wir tun können, ist, einen für ihr Auftreten günstigen Boden zu schaffen.

Wir können sie in uns wecken, anregen und unser Vertrauen in unsere intuitiven Fähigkeiten stärken. Jeder Mensch besitzt diese geistigen Fähigkeiten, denn Intuition ist eine ganz natürliche mentale Fähigkeit, der zündende Funke schöpferischer Idee und hellsichtiger Ahnung. Menschen, die stets zur rechten Zeit am richtigen Ort sind, haben nicht einfach nur Glück, sie verfügen über ein intuitives Gespür dafür, wie sie sich entscheiden und wie sie handeln sollen.

All unser Tun auf dem Weg der Selbsterkenntnis und Selbstdisziplin dient dazu, unser Bewusstsein zu klären und die Erinnerung des Seelenwesens zu erwecken. Durch erwachte Intuition offenbart sich dir die Wahrheit über dein Dasein.

Ohne Intuition kann es keine geistige Entwicklung geben, weil Intuition die Fähigkeit der Seele ist, direkt wahrzunehmen, was wirklich ist. Ist dein Bewusstsein kristallklar und deine Ziele wegweisend, wirst du keine negativen Erfahrungen mehr erleben in allen Bereichen deines Lebens. Je mehr du die Intuition anwendest, um so großartiger wird sie sich in deinem Leben manifestieren.

Die Liebe ist die einzige Tür zu einem spirituellen Leben, denn ohne Liebe gibt es nur Dogmen und starre, angsterfüllte Glaubenssätze. Die Liebe bringt alles in Einklang, sie verbindet dich mit deinem wahren Wesen. Liebe beklagt sich nicht, streitet nicht und beschuldigt niemanden. Liebe nimmt den anderen so an, wie er oder sie ist. Liebe entspringt aus deinem eigenen Bewusstsein, sie hat nichts mit anderen zu tun.

Ein spirituelles Leben erfordert Disziplin. Du musst für dich selbst sorgen und Nein zu denen sagen, die dich in ihr Drama von Leiden und Unwissenheit hineinziehen wollen. Viele Menschen verlieren sich im Drama ihres Lebens. Spiritualität ist das Bewusstsein, dass das Leben, so wie es ist, in Ordnung ist.

Du musst nicht zu einer Gemeinschaft gehören, um dein Herz der Liebe zu öffnen. Es gibt keine Organisation, die dich mit spiritueller Fertignahrung nähren kann. Wenn du auf deine Intuition hörst und ihr vertraust, musst du dich nicht mehr an andere Autoritätsfiguren wenden, um Führung zu bekommen. Du bekommst Führung aus dir selbst und so wirst du authentisch. Menschen, deren Herz offen ist, erfahren Liebe, Fülle und Dankbarkeit und sie geben sie bedingungslos weiter.

Wenn du im Inneren die Gegenwart der Liebe wahrnimmst, fällt es dir leicht, diese Liebe auch anderen zu schenken. Liebe kann dich nicht in die Irre führen. Du kannst einen anderen nicht retten, wenn dein Herz von Angst erfüllt ist. Warte nicht auf das Kommen des Himmels, um deine Liebe zu verschenken, denn der Himmel ist schon hier.

Wie du die Welt siehst, bestimmt, was die Welt für dich ist. Versuche nicht andere Menschen oder die Welt zu verändern, sondern schaue in dein eigenes Herz. „*Sei die lebendige Gegenwart der Liebe in dieser Welt, denn das bist du. Alles andere ist eine Illusion.*"

# Die geistigen Gesetze

„Man muss die Musik des Lebens hören. Die
meisten hören nur die Disharmonie."

Theodor Fontane

Die geistigen
Gesetze

Unser Leben ist wie die ganze Schöpfung von einer inneren Ordnung durchdrungen und diese Ordnung gehorcht den geistigen Gesetzen. Diese geistigen Gesetze haben einen eigenen Rhythmus und wir sind eingebettet in diesen Rhythmus der Schöpfung.

Unser ganzes Leben vollzieht sich
in Rhythmen:

einatmen und ausatmen,
wachen und schlafen,
aktiv sein und ruhen,
Ebbe und Flut,
Saat und Ernte,
Tag und Nacht usw.

Alles hat seine Zeit.

## Das Gesetz der Liebe

Die Liebe ist das Grundgesetz der Kraft, die wir Gott nennen. Liebe will geben und erfüllt sich im Geben. Liebe ist Freude, die wir in der Gegenwart eines geliebten Menschen empfinden. Lieben heißt, sich zu öffnen, um den anderen hereinzulassen oder Anteil nehmen zu lassen an dem, was uns bewegt.

Verliebt zu sein und echte, bedingungslose Liebe sind so verschieden wie Tag und Nacht. Liebe ist kein äußeres Tun, sondern eine grundlegende Änderung unseres Seins. Nach dem Gesetz der Resonanz können wir nur einen Partner anziehen, der uns entspricht. Einen Menschen zu lieben, heißt, sich selbst zu geben, für den anderen das Beste zu wollen, ohne dabei etwas zurückzuerhalten.

Liebe bedeutet Freiheit, denn wahre Liebe kann man nicht einsperren oder festhalten, versuchen wir es, stirbt sie. Will ich der wahren Liebe begegnen, muss ich zuerst Gott in allen

Menschen erkennen, denn wahre Liebe ist grenzenlos. Wenn ich wirklich lebe, dann geschieht Liebe durch mich. Liebe ist unser wahres, ewiges SEIN.

## Das Gesetz der Harmonie

Dieses Gesetz ist in der ganzen Schöpfung wirksam und sichtbar. Es zeigt sich nicht nur in Form von Naturereignissen, ebenso auch in unserem täglichen Leben, in allem, was uns begegnet und widerfährt.

Wo immer ein Mensch eigenwillig die Harmonie stört, führt das Gesetz unweigerlich wieder den Ausgleich herbei. Ein erster Schritt zur Harmonie ist es, sich so zu verhalten, dass wir Achtung vor uns selbst haben und auch gegenüber dem Tier und der Natur.

„Verletze niemanden, störe nicht die Harmonie eines anderen, denn der andere bist du selbst."

von den Kahunas

## Das Gesetz der Gnade

In der Gnade zu leben, heißt, offen und empfänglich zu sein für die bedingungslose Liebe Gottes. Gnade ist, dass wir der allumfassenden Liebe Gottes jederzeit und überall teilhaftig werden. Der Mensch aus sich vermag nichts, aber Gott im Menschen vermag alles.

Das Wirken der Gnade bietet dem Menschen die Freiheit, den königlichen Weg der Erkenntnis zu gehen oder den Weg der Unwissenheit von Krankheit und Leid. Beide Wege führen schlussendlich zur Ein-Sicht und machen den Menschen bereit für die Gnade.

Alles, was mir widerfährt, will mir nur dienen und helfen, darum ist alles gut, so wie es ist.

## Das Gesetz des Dankens

Indem ich mein Herz mit Dankbarkeit für jeden Umstand im Leben erfülle, beginnt die höchste Kraft des Universums durch mich zu wirken.

Ein dankbares Herz ist der reinste Kanal für das Wirken der Einen Kraft, die wir Gott nennen. Alles, was in deinem Leben geschieht, ist der Wille Gottes.

Das Geheimnis des Dankens lässt deinen Glauben tätig werden, der Berge versetzen kann. Danken erhebt dich über alle Schwierigkeiten des Lebens.

Danke von Herzen für etwas, das du noch nicht hast und du wirst es empfangen.

# Das Gesetz von Ursache und Wirkung

„**N**ichts entkommt dem Prinzip von Ursache und Wirkung, doch es gibt viele Ebenen der Ursächlichkeiten und mit den Gesetzen der höheren Ebene lassen sich die Gesetze der niedrigen Ebene überwinden.“

*KYBALION*
*Hermes Trismegistos*

Wenn das Gesetz von Ursache und Wirkung im Leben eines Menschen nachzulassen beginnt, dann fühlt er sich von heiligen Orten und guten Menschen angezogen. Alles Geschehen gehorcht dem Gesetz von Ursache und Wirkung.

Es gibt keinen Zufall, wo eine Schöpfung ist, da muss auch ein Schöpfer sein. Das Gesetz ist der treue Diener des Schöpfers und jede Wirkung entspricht in Qualität und Quantität immer genau der Ursache. Zufall und Glück sind nur Bezeichnungen für einen nicht erkannten Zusammenhang. Es gibt nichts außerhalb des Gesetzes und nichts geschieht im Gegensatz zu ihm. „Was der Mensch sät, wird er früher oder später ernten." Jeder bekommt das, was er verdient, nicht mehr und nicht weniger. Negative Gedankenformen, die die Menschen schaffen, sammeln und entladen sich als Krieg, Revolution, soziale Unruhe oder wirtschaftlicher Zusammenbruch.

Es sind nur wenige dazu bereit, die Wirklichkeit hinter dem Schein zu erkennen. So ist in den schmerzlichsten Erfahrungen das meiste Gold der Erkenntnis enthalten und der Weise erkennt, dass er die Lektionen seiner eigenen Taten zu überwinden hat. Jeder Mensch muss so lange inkarnieren, bis er die Wirkung aller von ihm gesetzten Ursachen erlebt und verarbeitet und damit das Gesetz von Ursache und Wirkung erfüllt hat. Karma ist daher unser Freund und Helfer auf einem schwierigen Weg, auf den wir nicht verzichten können, wollen wir ihn nicht verfehlen. *Karma*, das Wort stammt aus dem Sanskrit und bedeutet: „Die Tat, das Geschaffene, wirken, tun!" Es ist die Summe allen Tuns eines Individuums in diesem oder vorangegangenen Leben.

Krankheit und Leid sind Aufgaben der Reifung, die sich eine Seele gestellt hat, um den Weg zu Gott zurückzufinden. Leben heißt lernen, und die Bestimmung jeder Seele ist es, vollkommen zu werden.

Der Vollkommene ruht gelassen in seiner Mitte und lässt das Leben aktiv durch sich geschehen. Er hat sich selbst erkannt als Ausdruck der Einen Kraft, des ICH BIN! Er braucht keinen Weg mehr, er ist selbst zum Weg geworden!

## Das Gesetz der Fülle

Wenn du dieses Gesetz in seinem ganzen Umfang erfasst hast, kennst du keinen Mangel mehr. Jesus hat gesagt: *„Wer da hat (die Erkenntnis der Wirklichkeit), dem wird gegeben werden, auf dass er die Fülle habe. Wer da aber nicht hat (die Erkenntnis), dem wird das Wenige noch genommen werden."*

Wer diese „innere Fülle" nicht erkennt, der steht sich und seinem Erfolg selbst im Weg. Er verhindert so, dass die Fülle des Lebens sich zeigen kann. Das Gesetz der Fülle kann nur in dem Maße wirksam sein, wie du selbst zum Kanal wirst, durch den sich die Fülle manifestieren kann.

Um der Fülle teilhaftig zu werden, muss ich mein kleines Ich meinem wahren Selbst übergeben. Wer in der Fülle lebt, der hat stets Alles, was er zum vollkommenen Ausdruck seines Seins braucht.

## Das Gesetz des Glaubens

Es geschieht nicht das, was wir wollen, es geschieht das, an was wir glauben. Die Kraft des Glaubens schließt uns an die eine Kraft des Universums an, der nichts unmöglich ist.

Wissen stellt Tatsachen fest, Glauben schafft Tatsachen. Glaube ist ein inneres Wissen, das nicht auf äußeren Beweisen ruht. Es ist ein inneres Erkennen der Wahrheit und Wirklichkeit.

Die Kraft des Glaubens verwirklicht das, wovon wir innerlich überzeugt sind.

Heilender Glaube ist jener, der nicht mehr auf den äußeren Schein blickt, sondern auf das wahre, innere Sein. Sorgen wir dafür, dass wir immer an das Richtige und Wahre glauben!

„Alle Dinge sind möglich dem, der da glaubt."

Markus 9, 23

## Das Gesetz des Schicksals

Der Mensch ist Schöpfer, Träger und Überwinder seines Schicksals. Jeder Gedanke, jedes Gefühl, jedes Wort und jede Tat ist Ursache, deren Wirkungen folgen. Schicksal ist immer die Summe der Folgen unserer Entscheidungen.

Die Ursachen, die wir durch unsere Gedanken und Taten gesetzt haben, werden in unserer Seele aufgezeichnet und auf unserem karmischen Konto gespeichert. Unsere „Erbsünde" besteht darin, dass wir in jeder Inkarnation unser eigenes positives oder negatives Erbe antreten.

Es gibt auch ein Gemeinschaftsschicksal, denn jeder Mensch ist in jeder Inkarnation eingebunden in eine Schicksalsgemeinschaft, das betrifft seine Familie, seine Nation und ebenso seine Rasse. So kann uns nichts zufällig treffen, denn auch der Zufall unterliegt dem Gesetz von Ursache und Wirkung! Das Maß unserer Freuden und Leiden entspricht immer genau dem Maß der Ursache, die wir selbst geschaffen haben.

Das Gesetz des Schicksals fordert von jedem Menschen die bewusste Übernahme der vollen Verantwortung für sein Leben. Das Gesetz des Schicksals schreitet dort ein, wo der Mensch selbst nicht die Harmonie in der Schöpfung herstellen kann.

Der Mensch hat die Freiheit der Wahl, er entscheidet, welchen Weg er beschreiten will. Die Auseinandersetzung mit dem Schicksal führt letztlich zur Begegnung mit der Einen Kraft, die wir Gott nennen! *(Kurt Tepperwein, „Die geistigen Gesetze")*

„Der Sinn des Lebens besteht darin, glücklich zu sein!"

Dalai-Lama

# Jesus Christus

„Ist die Liebe fern, ist Gott auch fern!"

Die Geschichte von Jesus Christus ist nicht einfach zu verstehen, aber du wirst sie verstehen, wenn dein inneres Licht entflammt ist. Jesus führte ein sehr einfaches Leben, Er war der Sohn von Joseph, dem Zimmermann, gewesen.

Seine Kindheit und Jugend hat Jesus der tätigen Nächstenliebe und dem Gebet gewidmet, bis die Stunde kam, um die Lehre der Liebe, des Lichts und des Lebens zu verkünden und das Gesetz der Liebe und Gerechtigkeit zu lehren.

Niemand wusste etwas von Ihm, nicht einmal Seine Familie war sich bewusst, wer Er in Wirklichkeit war. Er war sicher ein ungewöhnlicher, intelligenter, junger Mann und Sein Wissen erlangte Er nicht bei den Essenern oder den Theologen, Philosophen und Gesetzeslehrern jener Zeit. Das Göttliche konnte nichts vom Menschlichen lernen.

Christus kam vom Vater, um den Menschen die Göttliche Weisheit zu bringen. Wir sollten versuchen, zu erspüren, wie Er wirklich war und dann Seinen Weg gehen, um noch Größeres zu vollbringen, ganz ohne Aggression und ohne Kampf, denn so war Er nicht, Er war nicht Kampf, Er war der Sieg! Die Liebe kämpft nicht, sie siegt, sie ist die erhabenste Kraft im ganzen Universum.

ER war die Inkarnation der Liebe auf diesem Planeten und Er liebte die Menschen mit all ihren Fehlern. ER machte Gebrauch von der Wahrheit Gottes, um die Menschen zu lehren, ER bezog Sein Wissen nicht von der Welt. Jesus und Christus, Mensch und Geist, sind EINS, so wie Christus mit dem Vater EINS ist.

Christus ist mit dem Vater EINS von Ewigkeit her, noch bevor die Welten waren. Denn es existiert nur ein einziger Gott. Christus, das „Wort" Gottes, war es, das durch den Mund Jesu sprach.

Der Mensch Jesus wurde geboren, lebte eine kurze Zeit und starb, Christus wurde jedoch nie geboren, noch wuchs ER in der Welt auf, noch starb ER. Christus ist die Stimme der Liebe, das Göttliche Wort und der Ausdruck der Wahrheit und Weisheit.

Jesus' öffentliches Wirken dauerte jedoch nur drei Jahre. Für die einen ist er ein Rebell und für die anderen ein heiliger Mann. Wir können die Identität Jesu nicht durch intellektuelle oder historische Analysen entdecken, sondern dadurch, dass wir uns unserer Intuition öffnen. Jesus gründete keine Religion, Sein Ziel ist es, durch Seine Gegenwart, Sein Wort und Seine Tat die Menschheit zu transformieren

Vor über 2.000 Jahren wurde von Jesus Christus das Herz-Chakra in den Menschen global aktiviert, somit ist der Gottesfunke in jedem Menschenherz eingespeichert.

Er ist gekommen, um die Liebe in den Herzen der Menschen zu entfachen. Es ist Seine Aufgabe, die Einheit der Menschheit ins Bewusstsein zu erheben.

Jesu Worte und Taten haben die Welt als Ganzes durchleuchtet und die Entwicklung entscheidend beeinflusst. Aber was haben wir aus Seiner Liebesbotschaft und Lebenslehre gemacht?

Viele Menschen missdeuten Seine Sendung, weil ihre politischen Vorstellungen durch Ihn nicht erfüllt wurden und weil Er ihre religiöse Enge sprengte und die Wahrheit von der Liebe Gottes kompromisslos vorlebte. Jesu Lehre bezog sich ganz auf den wahren und absoluten Zustand des Seins.

Die Art, wie Jesus Seine Identität als Sein betrachtet, ist die Art, wie wir das auch tun sollen. Seine Lehre lässt sich auch auf die gegenwärtige Zeit übertragen, sie kann zum Schlüssel einer geistigen Erhebung der Menschheit werden, die wir in diesen bewegten Zeiten dringend brauchen.

Jesus ist gekommen, um zu helfen und zu heilen, Er ist gekommen, um die Sehnsüchte von Jahrhunderten zu erfüllen. „ER kam in sein Eigentum, aber die Seinen nahmen ihn nicht auf!" Wenn man die Bewohner dieser

Welt betrachtet, sehen wir, dass alle Völker Christi Namen kennen, dass Millionen von Menschen Seine Worte nachsprechen, doch man sieht, dass sie keine Liebe untereinander haben. „Liebet einander!"

Das Christentum darf nicht mit Christus verwechselt werden. Wer Christus verstehen will, der muss auf dem direkten Weg, durch den inneren Weg, gehen, nicht über Rom. Die Kirchen, die sich christlich nennen, messen den Ritualen und dem Äußerlichen mehr Bedeutung zu als Jesu Worte. Seine Lehre und Seine Botschaft der Liebe sind eingesperrt in den alten und verstaubten Büchern. Jesus ist nicht gekommen, um Kirchen aus Stein aufzubauen, sondern um die Herzen der Menschen zu öffnen.

Es ist heute schwer, ein Christ zu sein, wenn man sich all den Unsinn anhört, der im Namen des Christentums gepredigt worden ist. Es ist leicht, ein Christ zu sein, wenn man nicht weiß, was das Christentum in der Vergangenheit getan hat. Jesus brachte eine neue Art der Revolution in die Welt, die Revolution der Herzen.

Die Christen haben es missverstanden, sie glauben, Jesus sei der einzige Sohn Gottes, dem ist nicht so. Die ganze Schöpfung kommt von Gott, wir sind alle Söhne und Töchter des EINEN. Jesus ist Liebe, Frieden und Stille. Er ist nicht Krieg und nicht Gewalt. Er ist der demütigste und der reinste Mensch, der je auf Erden gelebt hat.

Der Christus, der alle diese Dinge tat und lehrte, ist der „ICH BIN" in dir und mir. Das ist der lebendige Christus, der auferstandene Christus. „Jesus Christus gestern, heute und derselbe in alle Ewigkeit." Wir erwachen nicht, um uns als Gott wiederzufinden, aber wir erwachen, um Gott als All-Sein, als alles Sein, zu finden.

„ICH BIN das Leben, ICH BIN die Wahrheit und ICH BIN die Auferstehung. ICH habe die Welt überwunden."

Wenn du zur Wahrheit erwachst und erkennst, wer du wirklich bist, dann bist du als Mensch nichts Besonderes und du hast auch keine besonderen Privilegien. Du wirst immer noch in deinem Körper und in deiner Welt leben, die von Masken und Rollen dominiert sind, aber du wirst in dieser Welt leben, ohne dich in sie einzukaufen.

Der Christus ist das wahre Selbst, ER ist die Offenbarung der Wahrheit, der Geist, der in deinem Körper erwacht ist. Glaube nicht, ER wäre der einzige Christus, ER ist der Christus in dir und du wirst aufgefordert, zu IHM zu erwachen. Christus ist die Liebe und das Licht in dir, du bist hier, um zu entdecken, dass die Quelle der Liebe in deinem eigenen Bewusstsein ist.

Du musst nicht außerhalb von dir die Liebe suchen, denn wenn du sie in der Welt suchst, kannst du sie nicht in dir erkennen. Du kannst das Licht nicht in anderen sehen, solange du es nicht in dir selbst siehst. Siehst du es in dir selbst, gibt es niemanden mehr, in dem du es nicht sehen kannst. Das wahre Selbst ist allmächtig, deine Person ist es nicht. Als höchstes Selbst bist du nie der Gefangene von Bedingungen, wenn du dich jedoch als Gefangenen oder als unglückliches Opfer siehst, bist du in deiner Persona.

Erinnerst du dich an dein wahres Selbst, an den Christus in dir, dann gehst du über die Anhaftung und die Eigenheiten deiner Person hinaus. Du erlebst einen Frieden und eine Freiheit jenseits aller Bedingungen, die dich zu binden scheinen. Das Leiden endet und du ruhst im Selbst, der Verkörperung der Liebe, dem Ursprung der Schöpfung. Der Ruf, der von Christus an Seine Geschwister ausgeht, ist der Ruf, zu erwachen und den Mantel der Liebe anzuziehen.

Das Christusbewusstsein hat nur einen Gedanken, ein Ziel und einen Willen und eine bedingungslose Liebe für alle Wesen. Das Kommen des Christus geschieht nicht außerhalb von uns, es ist nicht dort draußen, es geschieht in unseren Herzen. Die Schlacht von Armageddon spielt sich in unserem Inneren ab. Die Auferstehung Christi bedeutet, dass Christus zurückkehrt im Geiste, in alle Menschenherzen, nicht auf einer Wolke, um die Unwissenheit der Menschen zu durchleuchten und sie vom Egoismus zu befreien und um den göttlichen Plan voranzutreiben und zu erfüllen. Zu allen Zeiten gab es viele Berufene und wenige Auserwählte.

Die Lehre Christi ist ihrem Wesen nach spirituell, sie ist Licht und Kraft, sie dringt in die Seele ein, sie reinigt dein Herz und klärt deinen Verstand.

Der Sinneswandel hin zur Spiritualität wird Freundschaft und Brüderlichkeit unter den Menschen herbeiführen. Höre auf das, was Christus, die Göttliche Liebe sagt: „Frieden den Menschen, die guten Willens sind, die die Wahrheit lieben und den Samen der Liebe in der Welt säen!" Ein Nachfolger Christi kann keinen Egoismus in seinem Herzen tragen, er sorgt sich nicht um das Seine, sondern denkt an die anderen.

„Wenn die Tür deines Herzens offen ist, öffnen sich alle wichtigen Türen in der Welt."

Paul Ferrini

# Mantras

„Am Anfang: LIEBE. Am Ende: LIEBE."

„Mantra – Wiederholung eines heiligen Namens oder eines Gebets. *Ma* bedeutet *manana* – nachdenken und *thra* retten. Ein Mantra oder Gebet wird uns davor bewahren, in den Verstrickungen dieses weltlichen Lebens gefangen zu sein, das von Leid, Kummer und Schmerz heimgesucht wird."

Was auch passiert, verliere die Liebe nicht aus den Augen. Sie ist das höchste Ziel. Lasse diese Liebe überall in dir erstrahlen. Die Schriften und die Heiligen haben viele Methoden beschrieben, durch die du dein wahres Selbst erkennen kannst.

Die regelmäßige Wiederholung eines Mantras läutert das Denken und führt schließlich bei ständiger Übung zu spiritueller Erfahrung. Die Mantra-Wiederholung wird als der höchste Weg bezeichnet. Es ist nicht unbedingt erforderlich, die Wortbedeutung des Mantras zu kennen. Die buddhistischen und hinduistischen Mantras stammen aus dem Sanskrit. Jedes Mantra, das du wiederholst, jede Hymne, die du singst, jedes Gebet, das du sprichst, wird von jemandem gehört, der höchste Intelligenz und höchstes Bewusstsein ist. Du vermehrst deinen geistigen Reichtum durch beständiges Wiederholen eines Mantras. Die Wiederholung des Mantras erweckt die Gegenwart des Göttlichen und diese Gegenwart beeinflusst jedes Detail in deinem Leben.

*So-ham* „Ich bin das." – *Ayam atma brahma* „Das Selbst ist das Absolute." – *Tat tvam asi* „Du bist das." – *Hari Om* „Ich grüße das Göttliche in dir, ich wende mich mit Liebe an dich." – *Om Namah Shivaya* – „Ich verneige mich vor Gott, der das innere Selbst ist." *OM* ist der Urlaut, der kosmische Klang. *OM* steht für Einheit.

Das Gayatri Mantra wird im Hinduismus als die „Mutter der Veden" bezeichnet. „*Om Bhur Bhuvah Svah. Tat Savitur Varenyam. Bhargo Devasya Dhimahi. Dhiyo Yonah Prachodayat.*" Die Übersetzung lautet: „Om, wir meditieren über den Glanz des verehrungswürdigen

Göttlichen, den Urgrund der drei Welten, Erde, Luft und himmlische Regionen. Möge das Höchste Göttliche uns erleuchten, auf dass wir die Höchste Wahrheit erkennen."

„OM Mani Padme Hum" ist das älteste Mantra des tibetischen Buddhismus. „OM" repräsentiert Körper, Rede und Geist des Buddha. „Mani" bedeutet Diamant und symbolisiert den buddhistischen Pfad. „Padme" ist der Lotos und symbolisiert den Weisheitsaspekt des Pfades. „Hum" bedeutet Unteilbarkeit.

„Ich lebe – und lebe mit allem Leben." „ICH BIN die Auferstehung und das Leben." „ICH BIN der ICH BIN." „ICH BIN das Licht der Welt." „ICH BIN Liebe und Licht." Du kannst für dich auch selbst ein Mantra bilden, das dir hilft, zur Ruhe zu kommen.

Der Zweck aller Übungen ist es, uns in den Bereich über das Gemüt und den Verstand zu erheben, sodass die Intuition erwachen und sich die Herrlichkeit der Seele offenbaren kann. Wenn das Gemüt und der Verstand ruhig sind und die Aufmerksamkeit gesammelt ist, nimmst du vielleicht im Zentrum des dritten Auges ein helles Licht wahr.

Gib dich diesem Licht hin, verschmilz mit ihm und fühle dich eins mit der universalen Intelligenz. So wird das Christus-Bewusstsein in dir erwachen und du kommst auf deinem Weg gut voran. Diese Erfahrung bewirkt Harmonie, Frieden und wahre Kommunikation mit allen Menschen und Dingen und es ist der erste Schritt in die Richtung kosmischen Bewusstseins.

Wenn du tief und regelmäßig meditierst, wirst du magnetisiert und die Menschen um dich herum fühlen deine von dir ausgehende, positive Kraft und Ausstrahlung. Es ist jedoch nicht von Vorteil, mit anderen über die tiefen und inneren Erfahrungen zu sprechen, denn deine Erfahrung wird verwässert und sie nimmt dir die besondere Art. Jeder inspirierte Mensch ist wichtig und jeder von uns sollte ein Kanal des reinen Bewusstseins sein. Die Welt wird durch Erneuerung der Menschheit verändert, sie beginnt bei uns selbst. Mit der Zeit wird die ganze Menschheit erhoben und in die Richtung der endgültigen Erleuchtung gelenkt.

Bis dahin gibt es noch viel zu tun, fangen wir damit an, denn es ist noch nicht zu spät, denn es ist der Plan Gottes, die Menschheit zu befreien. Christus ruft als Grenzenlose Liebe und Wahrheit aus dem Menschen diese Liebe und dieses Licht hervor, um die neue Welt in seinem Inneren und seiner Umgebung zu errichten.

„Erkenne, dass GOTT – das Eine Leben – durch deine Lippen spricht, durch deine Liebe liebt, durch deine Hände arbeitet, sich durch dich und als DU jederzeit bewegt."

Roy Eugene Davis

# ZEN –
# Leben wie
# «Little Buddha»

„Über nichts nachzudenken, ist ZEN. Wenn du das einmal weißt, gehen, stehen, sitzen oder liegen, alles, was du tust, ist ZEN."

Bodhidharma

Es geht primär um die vollständige und bewusste Wahrnehmung des gegenwärtigen Moments, um eine vollständige Achtsamkeit ohne urteilende Beteiligung.

ZEN bedeutet, das Leben zu leben in seiner ganzen Fülle.

ZEN hat nichts und doch bietet es ALLES. Es gibt nichts zu erreichen, nichts zu tun und nichts zu besitzen.

ZEN bedeutet, wach zu sein, frei von Urteilen und Wertungen zu leben und zu verinnerlichen, dass nur die Hingabe an das EINE wahre Erfüllung bringt.

Alles ist der eine Geist, die eine Wirklichkeit, diese Wirklichkeit zu erkennen, schenkt dir die absolute Freiheit der Gedanken und des Geistes.

Der ZEN-Weg ist jedoch eines der schwierigsten Dinge, die in einem menschlichen Leben unternommen werden können. Es gelten keine Regeln und es gibt keine Vorschriften, es geht darum, den eigenen Weg zu finden, um das alltägliche Leben in seiner ganzen Fülle zu erleben.

Menschlichkeit ist die wichtigste Eigenschaft im Leben. Es ist deine Pflicht, aufmerksam zu sein und nicht unnütz die Zeit zu vergeuden. Dies ist das Zeitalter des Handelns und deine Aufgabe ist es, die Botschaft der Liebe zu verbreiten, um die Menschen von ihrer tierischen Natur zur Menschlichkeit zu führen.

Dem Weg der Einfachheit, Liebe und Wahrheit zu folgen, ist des erwachten Menschen oberste Pflicht und höchstes Yoga. Die Menschheit ist in einem sehr degenerierten Zustand, wie Marionetten tanzen die Menschen um das goldene Kalb. Es ist an der Zeit, erwachsen zu werden und den Segen, der wir sind, auch zu leben.

Die Veränderung der Umstände wird im Bewusstsein geschaffen und sie tritt als deine Realität im Außen in Erscheinung. Selbstvergessenheit ist die Mutter aller Krankheiten, und wenn du zu Bewusstsein kommst, ist das so, als würdest du deinen inneren Jungbrunnen wieder für dich entdecken.

Du brauchst dich nicht zu ändern, werde innerlich still und richte deine Aufmerksamkeit nach deiner Wirklichkeit aus. Es geht nicht darum, die Gegebenheiten zu ändern, sondern zu erkennen, was sie wirklich sind. Die Dinge bleiben, wie sie sind, was geändert werden kann, ist die Art der Wahrnehmung selbst. Alle unwesentlichen Dinge werden weichen und deine Aufmerksamkeit wird sich im Wesentlichen wiederfinden.

Richte deine Aufmerksamkeit immer wieder über den Körper hinaus, durchschaue die scheinbaren Gegebenheiten und überprüfe sie auf ihre Echtheit hin. Das Leben hat keinen anderen Grund, als durchschaut zu werden.

Es geht nicht darum, vorwärtszukommen oder irgendetwas zu erreichen, denn jeder Augenblick ist ein „Tor zu einem neuen Leben" auf einer ganz anderen Ebene des Seins – als Bewusstsein.

„ZEN ist der weglose Weg und das torlose Tor. ZEN ist nichts Aufregendes, sondern Konzentration auf deine alltäglichen Verrichtungen."

S. Suzuki

# Das Tier, dein Mitmensch

„Behandle Tiere so, dass sie in ihrer Art ein
gutes Leben leben können!“

O. Gengenbach

Die Tierwelt beeindruckt uns durch ihre Schönheit und ihre Vielfalt. Tiere lösen in uns Menschen viele Emotionen aus, die je nach Kultur ganz unterschiedlich sein können. Menschen und Tiere sind beide Gottes Geschöpfe. Wohl gibt es einen Unterschied zwischen Mensch und Tier, die Differenz liegt in der Verantwortlichkeit gegenüber der Schöpfung. Liebe ist nicht nur im Menschen gegenwärtig, sondern auch in allen Kreaturen, in Vögeln und Tieren, Liebe durchdringt alles in der ganzen Schöpfung.

Der große Wunsch der Menschen, ein Haustier zu halten, entspringt der Sehnsucht nach dem verlorenen Paradies. Er braucht seinesgleichen für ein „artgerechtes" Leben. Es gibt gute Gründe, ein Haustier als täglichen Begleiter zu halten. Tiere haben einen positiven Einfluss auf die Bewohner, sie sind für den Halter eine Art Ruhepol in dieser hektischen und digitalen Welt. Hunde und Pferde werden auch für therapeutische Zwecke eingesetzt. Es gibt auch einige prominente Tiere. Wir kennen die listige Schlange aus der Geschichte vom Sündenfall, die Taube aus Noahs Arche mit dem Ölzweig im Schnabel und auch die Taube bei der Taufe von Jesus, das Opferlamm und den Sündenbock, die Säue, vor die man keine Perlen werfen soll, das verlorene Schaf, das gesucht wird und das Kamel, das eher durch ein Nadelöhr geht als ein Reicher ins Reich Gottes.

Tiere sind die besten Freunde des Menschen, denn sie stellen keine Fragen und sie kritisieren nicht! Behandeln wir sie mit Liebe und Respekt, denn das sind wir ihnen schuldig! Die Schöpfung hat Spaß und Freude an der Vielfalt und sie findet sich in der Vollendung wieder, wenn der Mensch verstanden hat, dass ALLES in Verbindung zu ALLEM steht. ALLE sind EINS, doch du wirst keinen anderen finden, der dir in allem gleicht. *„So ist Gott!"*

# Yoga der Ernährung

„Die Tiere sind nicht zu dem Zweck auf diese
Welt gekommen, um den Menschen Nahrung
zu liefern. Sie kamen, um ihr eigenes Leben
in der Welt aufzuarbeiten!"

Sai Baba

Die Zukunft des Menschen hängt von seiner Ernährungsweise ab. Tausende von Menschen machen sich unbewusst durch ihre Ernährung krank. Sie essen mechanisch und völlig unbewusst, schlucken, ohne zu kauen und hegen in ihren Herzen chaotische Gefühle und oft wird auch am gemeinsamen Tisch gestritten. Auf diese Weise stören sie die Funktion ihres Organismus.

Wer richtig zu essen versteht, der ist nach einer Mahlzeit wach und bester Laune. Man soll langsam essen und gut kauen, denn das fördert die Verdauung und man soll sich bemühen, in Ruhe und Stille zu essen.

Eine Mahlzeit ist eine magische Handlung, durch die sich die Nahrung in Gesundheit, Kraft, Liebe und Licht verwandelt. Mit der Nahrung baut der Mensch seinen Körper auf und darum ist die Qualität der Nahrungsmittel von großer Bedeutung.

So ist die Ernährung eine sehr umfassende Angelegenheit. Menschen, die Fleisch essen, sind eher brutal und zerstörerischer veranlagt und Fleisch steigert auch die Reizbarkeit.

Fleisch ist tote Nahrung, es enthält wenig Sonnenlicht und verdirbt schnell! Obst und Gemüse sind von Sonnenlicht durchdrungen, sie enthalten kondensiertes Licht und verderben weniger schnell. In der Schöpfungsgeschichte heißt es: *„Hiermit übergebe ich euch alle Pflanzen auf der ganzen Erde, die Samen tragen, und alle Bäume mit samenhaltigen Früchten. Euch sollen sie zur Nahrung dienen!"*

Wer Tiere tötet, um sie zu essen, nimmt ihnen nicht nur das Leben, sondern auch die Möglichkeit, sich weiterzuentwickeln. Tierprotein gehört zum Schädlichsten, was wir uns antun können. Tiere sind Freunde und Gefährten des Menschen. Die Lust, sie zu töten und aufzuessen, ist uns nicht angeboren!

Alle Menschen wünschen sich, dass endlich Frieden auf Erden herrschen soll, aber es wird so lange Kriege geben, wie wir Tiere töten, indem wir sie töten, zerstören wir uns selbst. Immer mehr Menschen haben den Zeitpunkt erkannt und sie durchbrechen den Teufelskreis, indem sie sich nur noch pflanzlich ernähren und alle tierischen Produkte meiden.

Die vegane Ernährung ist für den Menschen die natürlichste und gesündeste Form des Essens, sie belastet den Körper nicht, sie hält uns jung und vital! Die schlimmsten Gesundheitskiller sind auch Alkohol und Drogen und schlechte Gesellschaft, meide sie, sie machen dich nur unglücklich und depressiv!

Alkohol trocknet das Gehirn aus und ist ein Hindernis, zu Gott zu finden. Rauchen und Drogen trocknen den Körper aus und behindern deine geistige Entwicklung. Lebe und freue dich des Lebens, nichts kann die Idee stoppen, deren Zeit gekommen ist! Pflanzliche Ernährung ist die Lösung für viele Zivilisationskrankheiten und weltweite Umweltprobleme.

*„Respektiere das Leben, denn alles ist heilig und alles in der Natur ist ein Geschenk Gottes!"*

„Was ist der Unterschied zwischen einem Hund und einer Katze? Der Hund denkt sich: ‚Mein Herrchen gibt mir immer Futter, er geht mit mir Gassi, er streichelt mich. Ich glaube, mein Herrchen ist Gott!' Die Katze denkt sich: ‚Ich bekomme immer Futter, ich werde verwöhnt, ich kann machen, was ich will. Ich glaube, ich bin Gott!'"

Marcel Wildi

„Sei dankbar für jedermann, der dir auf deinem Lebensweg begegnet. Es sind deine Lotsen!"

Rumi

# Schlussgedanken

„Wenn Menschen gottlos werden, werden die Regierungen ratlos, die Lügen grenzenlos, die Schulden zahllos, die Besprechungen ergebnislos, die Aufklärung hirnlos, die Politiker charakterlos, die Christen gebetslos, die Kirchen kraftlos, die Völker friedlos und die Verbrechen maßlos."

Antoine de Saint-Exupéry

Liebe ist Grund, Ursprung und Same der Weisheit, der Größe, der Kraft, der Schönheit, der Erhebung und des Lebens. Dies ist der wahre Weg, den der Schöpfer für alle Menschenseelen vorgezeichnet hat. „ICH will, dass ihr einander liebt, wie ICH euch liebe." Erkenne, dass diese Worte keine neue Religion sind oder sein können.

Dieses Buch zeigt dir den lichtvollen Weg, in welchen sich alle Ideologien, Religionen und Glaubensbekenntnisse geistig vereinigen, zu einer Religion, der Religion der Liebe. Lerne deinen Nächsten zu lieben, zu segnen, zu vergeben, sanft und liebevoll zu sein. Lieben ist deine Bestimmung. Vergiss nicht, dass du ein Teil der Menschheit bist, jedoch sind wir alle EINS. Das Licht dieses Zeitalters zerreisst den dunklen Schleier, der den Geist der Menschen einhüllte. Das Licht zerbricht die Ketten, die ihn gefesselt haben.

Die Religionen schlummern in einem jahrhundertelangen Traum, ohne einen Schritt weiterzukommen. Sie wagen es nicht, den Kreis zu durchbrechen, den sie sich durch ihre Traditionen und Dogmen geschaffen haben.

Alle Religionen werden verschwinden und übrig bleiben wird nur das Licht des Herztempels, das innerhalb und außerhalb des Menschen erstrahlt. SEIN Reich ist nicht von dieser Welt, sondern ein Reich im Herzen des Menschen, es ist kein irdisches Reich, sondern ein geistiges, dessen Macht der Liebe und der Gerechtigkeit entspringt und nicht den Mächten der materiellen Welt.

Der Weg des Herzens ist der Weg des wahren Verständnisses, denn wo dein Herz ist, ist auch deine Erleuchtung. Im Licht existiert nur Licht, alles ist nur Licht, innen und außen ist nur Licht. Licht ist Allwissenheit und Allmacht. Es gibt also kein anderes, keine Andersartigkeit, es gibt nur Licht, du bist nichts anderes als Licht.

ICH BIN das Licht der Welt, es gibt nichts außer Licht. Gott ist Licht und in IHM gibt es keine Dunkelheit. Wir sind reines Licht, weil wir uns von allem befreit haben, was nicht Licht ist. Wir sind bewusstes EINS-SEIN.

Fühlst du den Impuls, frei in den ewig fließenden Strom der Gnade zu treten und für die Freiheit der Menschheit zu wirken? Wir sind im Innersten alle gleich – wir sind alle Ausdruck Gottes. Nur die äußere Hülle, die vergänglich ist, lässt uns unterschiedlich erscheinen und darum wollen wir alle Menschen mit höchstem Respekt behandeln. So wie wir sie behandeln und über sie denken, behandeln und denken wir über uns selbst.

Alles beginnt im Einzelnen und weitet sich über die ganze Welt für die gesamte menschliche Familie aus. Du bist einer der Glücklichsten in dieser Welt. *„Dir ist es zuteilgeworden, die Geheimnisse des Himmelreiches zu kennen.“*

Es ist nicht wenig Zeit, die wir haben, sondern es ist viel Zeit, die wir nicht nützen. Leben ist ein ewiger Fluss von Veränderung vor dem Hintergrund des ewigen Unvergänglichen. Nütze den Augenblick, entspanne dich, der wirkliche und einzige Moment ist jetzt, nütze die Zeit. *„Das Gestern schwand, wer kennt das Morgen?"*

„**M**öge sich jede Arbeit in Segen verwandeln, jeder Segen aber in eine Stufe der Treppe ins Paradies!"

Altirischer Segenswunsch

Ich wünsche dir eine gesegnete Zeit und viele erhebende Momente und grüße dich,

namaste　　　　Allelia Joy

„Carpe diem – nutze den Tag.
Fang jetzt an zu leben und zähle jeden Tag als
ein Leben für sich.“

Seneca

Dieses Buch widme ich meiner großartigen Familie, besonders meinem Enkel Nando und allen Wesen, die ihr wahres SEIN in ihrem Inneren finden wollen!

Ein herzliches Dankeschön geht an Marion für die liebevolle Gestaltung dieses Buches!

„Jedes Ding wird durch Erkennen wahrgenommen. Das Selbst leuchtet im Raum durch Erkennen. Erfahre dein Wesen als Erkennender und Erkannter."

Shiva zu Parvati

*Allelia Joy* ist ein Pseudonym. Die Autorin ist namenlos. Die Identität von *Allelia Joy* bleibt unausgesprochen, da sie nur eine von vielen Vergänglichkeiten ist.

*Fragen & Anregungen/E-Mail:*
*allelia-joy@iaw.li*

*Impulse der :Liebe*

Meine Inspirationen, Erfahrungen
und Erkenntnisse

„Rein im Herzen ziehen wir lernend durch
die Welt und lassen uns von allem um uns herum
berühren. Stets bist du nach etwas auf der Suche,
aber es entgeht dir, dass du das, was du suchst,
schon bist!"

Rumi

# Impulse der Liebe

„Die Liebe ist der Schlüssel, mit dem sich das Reich der Liebe und des Lichts auftut, welches die Wahrheit ist!"

# Impulse der Liebe

„Erhebe deine Worte, nicht jedoch deine Stimme: Blumen
blühen durch den Regen, nicht durch das Unwetter!"

Rumi

# Impulse der Liebe

„Was uns als eine schwere Prüfung erscheint,
erweist sich oft als Segen!" Oscar Wilde

# Impulse der Liebe

„Ihr seid das Licht der Welt.
So lasset euer Licht leuchten!" Mt 5, 14, 16

*Impulse der Liebe*

„Um Gott zu erkennen, erkenne zuerst deine Göttlichkeit!"

*Impulse* der *Liebe*

„Du siehst die Welt nicht so, wie sie ist,
du siehst die Welt so, wie du bist!" Mooji

# Gedanken der Liebe

„Zu lieben, ist Segen, geliebt zu werden, ist Glück!"
Graf Tolstoi

# Gedanken der Liebe

„Wenn die Tür deines Herzens offen ist,
öffnen sich alle wichtigen Türen in der Welt." Paul Ferrini

Weitere Bücher von Allelia Joy:

**Liebe ist das Licht der Seele**

ISBN: 978-3-8626-4327-1

**DhyanaYoga/Meditation**
**Der Weg zu innerer Ruhe und Gelassenheit**

ISBN: 978-3-7392-2832-7

**Nichts ist wie es scheint,
das Wesentliche ist unsichtbar: DhyanaYoga -
33 Meditationen für den Alltag**

ISBN: 978-3-8391-9022-7

**Lebe deine wahre Bestimmung:
Nur die Liebe zählt
Prema Yoga – Yoga der Liebe**

ISBN: 978-3-7448-3464-3